STEPHANIE ZU GUTTENBERG

WIR KÖNNEN DAS BESSER!

Erziehung,
Bildung und
Leben in
der digitalen
Realität

PLASSE
VERLAG

Dieses Buch entstand in Zusammenarbeit mit dem Journalisten Tarek Barkouni.

Copyright © 2022 by Stephanie zu Guttenberg
Copyright 2022 © Börsenmedien AG, Kulmbach

Coverfoto: Frank Bauer
Gestaltung Cover: Daniela Freitag
Gestaltung und Satz: Sabrina Slopek
Lektorat: Christoph Landgraf
Korrektorat: Sebastian Politz
Druck: GGP Media GmbH, Pößneck

ISBN 978-3-86470-864-0

Alle Rechte der Verbreitung, auch die des auszugsweisen Nachdrucks,
er fotomechanischen Wiedergabe und der Verwertung durch Datenbanken
der ähnliche Einrichtungen vorbehalten.

iografische Information der Deutschen Nationalbibliothek:
Deutsche Nationalbibliothek verzeichnet diese Publikation in der
schen Nationalbibliografie; detaillierte bibliografische Daten
n Internet über <http://dnb.d-nb.de> abrufbar.

449 • 95305 Kulmbach
21 9051-0 • Fax: +49 9221 9051-4444
cher@boersenmedien.de
n.de
k.com/plassenbuchverlage
m.com/plassen_buchverlage

*Für Anna und Mathilda –
und alle jene, welche sich für die Zukunft
der neuen Generationen einsetzen.*

INHALT

Kapitel 1 **Die Blondine in High Heels, die den Rasenmäher repariert** 11

Kapitel 2 **Eine Entscheidung fürs Leben: Das erste Handy** 27

Kapitel 3 **„Nein, das darfst du nicht!" schützt unsere Kinder nicht immer** 47

Kapitel 4 **Deutsche Schulen sind schlechter digitalisiert als japanische Altenheime. Wie kann das sein? Und vor allem: Wie können wir das ändern?** .. 65

Kapitel 5 **Wenn Kinder die digitalen Regeln bestimmen würden, hätten wir ein Problem weniger** 93

Kapitel 6 **Von Fake News bis Fake Shops – wie wir unsere digitalen Sinne trainieren müssen** 111

Kapitel 7 **Mein Kind will Influencer werden – gut so!** .. 139

Kapitel 8 **Der Beste in zwei Welten: Wie wir auch im Digitalen gute Menschen sein können** ... 157

Danksagung 175

Quellenverzeichnis 177

Muster eines Mediennutzungsvertrags 183

VORWORT

Liebe Leserin, lieber Leser, wenn Sie dieses Buch in der Hand halten, habe ich Hoffnung. Hoffnung, dass mein Anliegen Gehör findet und endlich eine Entwicklung in Deutschland stattfindet – hin zu einem angstbefreiten Umgang mit Digitalität. Denn ich bin der festen Überzeugung, dass wir eine solche Bewegung brauchen.

Seit ich aus den USA zurückgekehrt bin, wurde mir immer klarer, wie groß die Probleme in Deutschland sind: wenn ich mit Freunden über das Thema Digitalisierung gesprochen habe, wenn ich mit Behörden zu tun hatte oder wenn ich gesehen habe, wie Kinder und Jugendliche ihr Recht auf Bildung in der Coronakrise praktisch verloren haben.

Mit jedem Tag, der verging, ist die Erkenntnis größer geworden, wie viel wir in Deutschland noch zu tun haben. Wir sind es den jungen Generationen schuldig, ihnen wenigstens die Chance auf eine gute, moderne Bildung zu geben. Und damit eine Chance für den Arbeitsmarkt und die Welt von heute und morgen.

Dabei ist mir besonders wichtig, zu betonen, dass ich nicht über die aktuelle Situation verbittert bin. Ja, wir haben Probleme, aber ich bin zuversichtlich, dass es noch nicht zu spät ist.

Ich würde mich sehr freuen, wenn ich mit diesem Buch dazu beitragen und bei Ihnen für einen offenen Blick auf das Thema werben kann. Vielleicht haben Sie nach der Lektüre weniger Angst, wenn Sie im Internet unterwegs sind, und sind ein bisschen neugieriger auf die Welt geworden, die uns Erwachsenen oft verborgen bleibt: die sozialen Netzwerke.

Nun wünsche ich Ihnen viel Freude bei der Lektüre.

1 / DIE BLONDINE IN HIGH HEELS, DIE DEN RASENMÄHER REPARIERT

„Könnt Ihr mich jetzt sehen und hören?" – „Und jetzt?!" – „Nur sehen, aber nicht hören, okay, verstehe!" – „Moment bitte, ich wähl' mich noch mal ein!" Vielleicht haben Sie einen dieser Sätze in den letzten Jahren häufiger gehört oder selbst ausgesprochen und sich über die abreißende Internetverbindung maßlos geärgert. Oder Sie hatten einen Riesenkrach mit Ihrem Pubertier, weil es auf dem Sofa lieber Youtube-Videos schaut, anstatt ein „ordentliches" Buch zu lesen. Oder Sie haben schon einmal ein ellenlanges Anmeldeformular auf einer Behörden-Website ausgefüllt, nur um kurz vor dem Ziel zuerst den Website- und anschließend den eigenen Nervenzusammenbruch zu erleben. Warum? Weil Sie am Ende doch wieder die Hotline anrufen, in der Sie eine halbe Stunde einem quälend belanglosen Kaufhausfahrstuhl-Song zuhören müssen, dessen abruptes Ende Sie so überrascht wie die Ansage vom Band, dass Sie es doch bitte später versuchen sollen, die Leitungen seien gerade überlastet, gefolgt vom gut gemeinten Tipp, das Anmeldeformular „online" auszufüllen. Grrrrrrrrrrrrrrrrrr!

Wenn Sie gerade beim Lesen geschmunzelt haben, wissen Sie, wovon ich rede: An jeder Ecke wartet ein anderes digitales Ärgernis. Auf

Sie. Auf mich. Auf uns alle. Manche lassen mich mit den Augen rollen, andere mit dem Kopf schütteln, aber oft pfeffere ich aus Wut mein Handy in die Handtasche. Es ist immer dasselbe Gefühl: Himmel, Arsch und Zwirn – wir leben im Land, in dem der erste Computer stand. Das muss doch besser gehen!

Wie geht es Ihnen damit? Meine Vermutung: Ich bin mit diesem Gefühl nicht allein. Ärgern Sie sich auch über ein digitalfeindliches Bildungssystem für unsere Kinder, in dem das Smartphone – das heute in fast jeder Hosentasche steckt – keine Rolle spielt? Vielleicht protestieren Sie jetzt auch mit erhobenem innerem Zeigefinger und verweisen auf Jugendliche, die nur noch auf Instagram hängen, TikTok-Videos drehen (ein bei Jugendlichen sehr beliebtes soziales Netzwerk, über das ich noch oft sprechen werde) und sich von sogenannten Influencern die Welt erklären lassen?

Unter uns: Ich fühle mich auch oft sehr alt, wenn mir meine Töchter (19 und 21 Jahre alt) von den neuesten Trends auf TikTok erzählen. Ich fühle mich manchmal schon überfordert, wenn mir meine Nachrichten-Apps alle paar Minuten „Breaking News" als Pushnachrichten schicken. Aber: Ärgern reicht nicht! Die digitale Transformation unserer Lebenswelt lässt sich nicht mehr zurückdrehen. Die Digitalisierung hat unser Leben innerhalb weniger Jahre verändert, unsere Sprache, unser Konsumverhalten, selbst unsere Sport-, Sex-, Schlaf- und Essgewohnheiten neu geprägt. Das verunsichert viele. Mehr noch: Im Freundes- und Bekanntenkreis fangen viele an, über diese Verunsicherung zu sprechen. Sie fordern mehr Regeln für die digitale Welt. Doch nur mit Verboten können wir unsere Kinder nicht von sozialen Netzwerken fernhalten. Ein digitaler Entzug, wie ihn mancher Experte in Büchern vorexerziert, macht uns auch nicht plötzlich wieder zu aufmerksameren Menschen. Und eine verblichene Folie auf einem verstaubten Overheadprojektor regt im digitalen Zeitalter die Fantasie der Schüler nicht an. Oder wie war das damals bei Ihnen, als das Licht im Klassenzimmer gedimmt wurde? Für viele meiner Klassenkameradinnen und mich war das oft das Signal, ein bisschen Schlaf nachzuholen.

Ich sage: Wenn wir so weitermachen, verspielen wir die Zukunft unserer Kinder, die Briefe, Papierakten und Overheadprojektoren höchstens noch im Archiv finden werden. Als führende Industrie- und (zumindest früher) Bildungsnation muss unser Anspruch höher sein. Und wäre es nicht schöner, die Welt von morgen gemeinsam mit unseren Kindern zu erleben und zu gestalten, statt sie in sozialen Netzwerken allein zu lassen, weil wir befremdlich finden, was da passiert, und es nicht verstehen? Ich möchte Sie einladen, gemeinsam die Möglichkeiten zu bestaunen, die ein digitales Leben erlaubt. Wie viel komfortabler ein Fingerwisch auf dem Smartphone sein kann. Wie Tausende Kleinanleger aus einem Forum einen Hedgefonds zum Straucheln bringen und dabei Milliarden Euro verdienen (und verlieren). Das heißt nicht, dass wir jede neue Trend-App herunterladen oder Oma nur noch über FaceTime besuchen müssen. Aber lassen wir uns auch nicht von den Entwicklungen einschüchtern, die uns scheinbar unkontrollierbar überrollen. Nur wer versteht, was da gerade hinter den Retinascheiben unserer Smartphones vorgeht, wird dieses mulmige Gefühl los. Auch wenn Sie nach dem Lesen dieses Buches nicht zu einem Digital-Enthusiasten werden, werden Sie Ihre Kinder sicher besser verstehen, sie bei ihrem Weg durch das digitale Dickicht begleiten können. Denn auch wenn die „Digital Natives" (das ist die Generation, die schon im Kindesalter Zugang zu Internet und Smartphones hatte) mehr Zeit im Internet verbracht haben als wir, plagen sie oft die gleichen Sorgen und Probleme. Wir teilen mit unseren Kindern dieselben universellen Werte – nur auf unterschiedliche Art und Weise.

Selbst der kurzweilige Zeitvertreib auf Youtube kann zur Kraftprobe werden, wenn unter den Apfelkuchen-Tutorials der lieben Oma die Kommentarspalte mit fiesen Sprüchen vergiftet ist. Dafür gibt es eine Lösung: Bildung! Nicht nur für Kinder und Jugendliche – wir Erwachsene brauchen genauso „Nachhilfe", wenn es um Anstand in den sozialen Netzwerken geht, wenn wir uns fragen, wann wir Mails von unserem Chef noch lesen (und beantworten) oder warum wir beim Onlineshopping fast immer mehr (und auch andere!) Sachen kaufen, als wir uns eigentlich vornehmen.

Aus diesen Gründen habe ich in den vergangenen Jahren mein Bücherregal mit Büchern über das digitale Zeitalter vollgestellt (und lese sie sogar!), mit Expertinnen und Experten gesprochen, Vorträge an Schulen und auf Kongressen gehalten und erlebe fast täglich, mit welchen Fragen Schüler, Eltern, wir alle zu kämpfen haben. Dafür braucht es auch praktische Hilfe. Seit drei Jahren bin ich Teilhaberin an dem Start-up BG3000 (www.bg3000.de). Unser Ziel: Wir möchten die neuen Möglichkeiten der digitalen Welt an die nächste Generation weitergeben, Impulse liefern. Dafür geben wir unter anderem Digitalisierungskurse an Schulen und Ausbildungsstätten. Kinder, Jugendliche und Lehrer erzählen mir in diesen Kursen immer wieder von ihren persönlich gefärbten Unsicherheiten, von Mobbing in den sozialen Medien und der ständigen Ablenkung via Youtube und Twitch (einer App, bei der man anderen beim Computerspielen zuschauen kann). Andererseits saugen die Kinder begierig auf, was populäre Influencer erzählen, die wir zu den Kursen einladen, und verwirklichen eigene Ideen für digitalen Unterricht, die oft weit von den üblichen Möglichkeiten an ihren Schulen abweichen.

Ich bin nicht nur eine Blondine in High Heels

Ja, ich weiß, ich kenne all die Klischees da draußen. Für viele bin ich die Blondine in High Heels, die keine Glühbirne eindrehen kann. Die Wahrheit ist: Seit mein Vater in den frühen 1990er-Jahren den ersten Computer in sein Arbeitszimmer gestellt hat, bin ich fasziniert von diesen Geräten. Ja, ich gebe es zu: Ich bin ein Technik-Freak! Ich hatte sogar den Plan, nach dem Abitur Mathe zu studieren. Bis heute bin ich bei uns zu Hause diejenige, die nicht nur Glühbirnen austauscht, sondern auch den kaputten Toaster und den röhrenden Rasenmäher repariert. Würden Sie mir nicht zutrauen, oder? Mein Mann staunt manchmal auch Bauklötze. Mittlerweile ruft er zuerst mich, bevor er zum Hörer greift und Handwerker ins Haus bestellt. Schon als Kind habe ich alle technischen Geräte, die mir in die Finger gerieten, auseinander- und wieder zusammengebaut. Ich wollte unbedingt verstehen, was unter der Plastikschale vor sich hinarbeitet, welche Kabel wohin funken. Ich fühle mich großartig, wenn ich etwas repariert habe, den Einschaltknopf drücke und der Toaster auf einmal wieder das macht, was er soll: Toasts toasten. Und unter uns: Supercomputer (nichts anderes sind unsere Smartphones) sind stinknormalen Toastern nicht unähnlich. Sie tun nur das, was wir ihnen vorgeben. Jeder Computer ist kontrollierbar, kein Computer auf der Welt hat ein Eigenleben – auch wenn uns manch ein Hollywood-Blockbuster vom Gegenteil überzeugen will.

Aus der Mathematik ist damals nichts geworden. Trotzdem habe ich während meines Studiums so viel Zeit wie möglich an den noch sehr langsamen und umständlich zu bedienenden Computern verbracht. Kennen Sie noch diese großen grauen Kästen und die sackschweren Monitore mit der kantigen Auflösung? Die Arbeit an diesen Maschinen erforderte eine irrsinnige Fummelei. Für eine einfache Grafik habe ich manchmal Stunden gebraucht, mit Schere und Kleber wäre ich meist schneller gewesen. Damals hat sich das angefühlt, als ob ich mit einer Maschine aus einem Science-Fiction-Film „kommunizieren" würde. Ein Gefühl, das ich lieben gelernt habe und heute immer wieder erlebe, wenn ich einen Wocheneinkauf ins Smartphone tippe und Klopapier und die Zutaten für eine Bolognese schneller da sind, als ich mir die Jacke angezogen habe. Meine Wanderkarten sind schon lange keine großflächigen Papiermonster mehr, die sich nie so zusammenfalten lassen, wie ich sie gekauft habe. Stattdessen stapfe ich mit meinem Handy durch die Natur. Einem zwölf Zentimeter kleinen Gerät, das ich locker in meine Hosentasche stecken kann und das mir in

Echtzeit zeigt, welche Abbiegung ich im Wald nehmen sollte, wie viele Kilometer ich bereits gegangen bin, die Anzahl der verbrauchten Kalorien präsentiert, den Wetterbericht einblendet und, und, und. Was für eine Erleichterung!

Das Internet hat meine Technik-Begeisterung auf ein neues Level gehoben. Vor mir eröffnete sich plötzlich eine Wunderwelt, in der alles möglich war. Ich habe meine ersten Gehversuche in der Anfangszeit des Internets unternommen, eine Zeit, in der überall AOL-CDs für den Internetzugang rumlagen und Boris Becker im linearen Werbefernsehen fragte: „Bin ich schon drin?" (Schon dieses Beispiel zeigt, wie lange das her ist!) Die reale Welt zog damals ins Internet: Von da an müßten sich die Menschen nicht mehr in Videotheken, sondern liehen sich DVDs über das Internet aus. Am 10. März 1998 verschickte Reed Hastings, der Gründer von Netflix (ja, genau das Netflix), die erste DVD per Post, die Horrorkomödie „Beetlejuice". Hastings hatte sich damals bei „Blockbuster Video", der größten Videothek-Kette der Welt, als Führungskraft beworben und war abgelehnt worden. Also schuf er sein eigenes Imperium. Die Legende sagt: Netflix war einer der maßgeblichen Gründe, warum Blockbuster Inc. im Jahr 2010 Insolvenz anmelden musste. Aus kleinsten Erfolgen zimmern gestern wie heute Gründer riesige Unternehmen: 1995 versteigerte ein 28-jähriger iranisch-französischer Programmierer namens Pierre Omidyar seinen kaputten Laserpointer auf einer Website, die er am Wochenende zuvor programmiert hatte. Letztes Angebot 14,83 Dollar, drei … zwei … eins … meins. Der Käufer: ein Sammler kaputter Laserpointer. Es war der erste verkaufte Gegenstand auf Ebay – damals bekannt als Auction Web – ein Start-up, das heute mehr als zehn Milliarden US-Dollar wert ist. Ein Haufen Nerds mischte mit Krimskrams aus Garagen und Kellern die Welt auf. Was für eine Revolution! Ich war elektrisiert!

1 | DIE BLONDINE IN HIGH HEELS

Wir sollten die furchtbaren Orte des Internets kennen

Aber es hat nicht lange gedauert, bis ich auch die Kehrseite dieser herrlichen neuen Welt kennenlernen musste. Im Jahr 2004 gab mir eine Bekannte vom Internationalen Roten Kreuz einen Ordner voller Studien über sexuellen Kindesmissbrauch im Internet. Es war ein Ordner unvorstellbaren Grauens. Ich las Geschichten von Kindern, die teilweise jahrelang misshandelt wurden. Kinder so alt wie meine beiden Töchter, die zu dem Zeitpunkt gerade drei und vier Jahre alt waren. Und von Tätern, die ihre Verbrechen filmten und im Internet teilten. Ich war tieftraurig, schockiert, empört, unfassbar wütend, manchmal alles gleichzeitig. Ich entschloss mich zu einer klaren Mission: Kinderpornografie und sexuellen Kindesmissbrauch zu bekämpfen. Als Teil der NGO „Innocence in Danger", die sich gerade recht neu gegründet hatte, organisierten wir damals unter anderem Projektwochen, in denen betroffene Kinder teilweise zum ersten Mal so etwas wie Urlaub erleben durften. Wir malten mit ihnen, gaben ihnen Spielzeug und Zeit zum Spielen. Also alles, was für ein Kind selbstverständlich sein sollte. Am Ende einer dieser Projektwochen kam ein Kind auf mich zu. Es umarmte mich und flüsterte mir ins Ohr: „Danke, das war die schönste Zeit meines Lebens." Ich musste an die furchtbaren Erlebnisse denken, die dieses Kind erfahren hatte, und daran, wie wenig gereicht hat, um diesem kleinen Menschen ein Lächeln ins Gesicht zu zaubern. Ich nahm das Kind in meine Arme und fing an zu weinen – und was machte dieses Kind? Es fragte mich, warum ich weinte. In diesem Moment begann ich den Spruch „Rette ein Leben und du rettest eine ganze Welt" zu begreifen.

Die Mehrheit der sexuellen Kindesmissbräuche findet im sozialen Umfeld statt: Mal ist der Täter Nachbar, mal der Bekannte oder sogar die Eltern selbst. Das gilt überall auf der Welt und für jede Gesellschaftsschicht. Es ist egal, ob vor den Häusern glänzende 7er-BMWs stehen oder rostende Mazdas. Wie wir mit Freunden und Bekannten schreiben und facetimen, so vernetzen sich die Täter im Darknet und bieten Fotos und Videos der sexuellen Gewalt zum Verkauf an. Ein verstörendes Milliardenbusiness.

In den Jahren meiner Arbeit bei „Innocence in Danger" hatte ich sehr viel Zeit, darüber nachzudenken, wie fundamental die Digitalisierung unser Leben verändert. Seit dieser Zeit werde ich auch immer wieder zu Vorträgen und Lehrgängen eingeladen. Im Jahr 2010 habe ich mit Anne-Ev Ustorf ein Buch geschrieben: „Schaut nicht weg! Was wir gegen sexuellen Missbrauch tun müssen". Ich dachte, ich hätte die Digitalisierung verstanden. Aber während ich mich viel mit dem dunklen, verdeckten Teil des Internets beschäftigt habe, habe ich die Macht der neuen Öffentlichkeit im Netz unterschätzt.

Heute stehen wir alle mal in der Öffentlichkeit

Ich stehe schon sehr lange in der Öffentlichkeit. Und ich gebe gern zu: Ich habe diese Öffentlichkeit zeitweise auch genossen. Ich hatte das Privileg, Aufmerksamkeit auf Themen zu lenken, die mir wichtig sind, und viele Menschen kennenzulernen, die ich faszinierend finde. Es ist schön, öffentlichen Zuspruch zu bekommen. Gleichzeitig weiß ich heute: „Wer hoch fliegt, kann auch tief fallen" ist kein hohler Spruch. Der sogenannten Klatschpresse war der Name Guttenberg immer eine Schlagzeile wert. Die meisten Journalisten haben mich oft als „die Frau an seiner Seite" abgestempelt und mir ein Prinzessinnenleben in einem Traumschloss angedichtet. Als junge Frau, die noch keine Erfahrung hatte, in was für eine Achterbahn sie sich da hineingesetzt hatte, war das eine verwirrende Erfahrung – und ja, nicht immer leicht. Besonders als ich die Kehrseite der Zuspruchmedaille kennenlernen durfte. Ich konnte dank der medialen Aufmerksamkeit sicher einige Privilegien genießen, keine Frage, aber ich habe sie mir mit einer eingeschränkten Freiheit erkauft. Keine Sorge, hier folgt kein bräsiges Lamento. Es ist das Wesen einer Achterbahnfahrt, dass es auf und ab geht, dass man in den eigenen Sitz gepresst und auf den Kopf gestellt

1 | DIE BLONDINE IN HIGH HEELS

wird. Sie erzeugt die unterschiedlichsten Gefühle: Freude, Angst, Erregung, Beklemmung. Fest steht: Mein Leben stand in dieser Zeit und steht noch heute unter strenger Beobachtung. Selbst bei Fotos von privaten Geburtstagsfeiern besteht immer die Gefahr, sie tags darauf in den Klatschpostillen zu sehen. Ich habe irgendwann aufgehört zu zählen, wie oft mein Mann und ich uns angeblich schon getrennt haben. Besonders habe ich jedoch die Behauptungen in bestimmten Medien gehasst, wenn ich mal wieder vermeintlich schwanger war – ich habe für dieses Buch nachgezählt: bis heute angeblich 35 Mal! Aber diese Behauptungen waren nicht das Schlimmste. Das Schlimmste war, dass sie mich in einer Lebensphase erwischt haben, in der ich mir tatsächlich sehnlichst ein Kind wünschte. Ich habe nie darüber gesprochen, aber mein Mann und ich haben sehr auf ein drittes Kind gehofft, wir haben das lange versucht und ich habe dafür Hormone genommen und bin von einem Arzt zum nächsten gepilgert. Jede Frau, die Ähnliches erlebt hat, weiß: Das ist keine einfache Zeit. Ich war oft sehr traurig. Vor allem, als sich herausstellte, dass sich die ganzen Mühen nicht gelohnt und die Hoffnung sich nicht erfüllt hatte. Und Sie können sich vielleicht vorstellen, wie sehr es mich getroffen hat, in einer solchen Situation Titel wie „Stephanie im Babyglück!" oder „Stephanie – endlich schwanger!" zu lesen.

Heute diskutieren wir in Deutschland zu Recht über Hassreden in den sozialen Netzwerken und analysieren Shitstorms. Ich habe schon 2011 erlebt, wie rasend schnell die öffentliche Wahrnehmung außer Kontrolle geraten kann und eine öffentliche Debatte zu Mobbing wird, indem man in Sippenhaft genommen wird. Ja, mein Mann hatte damals in seiner Doktorarbeit abgeschrieben. Er hat einen Fehler gemacht, den er zutiefst bereut hat. Und er hat sich für diesen Fehler entschuldigt. Auf einmal wurden wir jedoch von den „fabelhaften Guttenbergs" – wie der *SPIEGEL* einmal ironisch titelte – zu Geächteten. Gefühlt das ganze Land stürzte sich auf unsere Familie. Plötzlich fühlten sich Zigtausende Menschen dazu berufen, sich an meinem Mann abzureagieren. Ich hatte mit seiner Doktorarbeit nichts am Hut und wurde trotzdem zur Zielscheibe. In dieser Zeit wachte ich jeden Morgen mit einer diffusen Angst auf, die mich den ganzen Tag nicht losließ. Jedes Mal, wenn mein Handy vibrierte, zuckte ich zusammen und fragte mich: „Oh Gott! Was kommt jetzt?" Wenn man an jedem Kiosk mit großen Lettern verschmäht wird, geht man nur noch ungern aus dem Haus. Mein Mann stand damals brutal unter Druck, lag nachts neben mir wach. Wie gesagt: Ich will mich nicht beschweren. Trotzdem bilden meine persönlichen Erfahrungen aus dieser Zeit die Basis, wie ich Shitstorms oder dem Thema Mobbing heute begegne. Ich möchte diese Erfahrungen aus meiner Sicht schildern, weil sie veranschaulichen, was in mir vorging. Denn damals war ich es, die unsere Familie zusammenhalten musste. Alles lief schief. Es war, als würde die Welt über mir zusammenbrechen. Offen gesagt: Ich war mit dieser Situation total überfordert. Und mein Mann stand vor komplett anderen Herausforderungen.

Aus einer politischen Debatte wurde Hass. Dieser Hass war damals so groß, dass ihm ein Abgeordneter im Bundestag ernsthaft diesen Satz an den Kopf warf: „Früher hätten Sie sich dafür erschossen." Jeder Mensch macht Fehler, aber kein Mensch verdient es, solche Sätze zu hören. Sogar meine Töchter wurden in Sippenhaft genommen. Als ich meine ältere Tochter in dieser Zeit an einer weiterführenden Schule anmelden wollte, erhielt ich einen Brief. Nicht von der Schulleitung, sondern von der Elternvertretung. Darin stand sinngemäß: Man wolle Kinder von Eltern wie uns nicht auf der Schule haben. Das Gefühl, wie sich damals beim Lesen des Briefes mein Hals zuschnürte, werde ich nie vergessen. Ich rief sofort bei der Schulleiterin an: „Sie haben da ein echtes Problem in der Elternschaft", sagte ich ihr. Die Frau war zwar genauso geschockt wie ich und wollte mich beruhigen. Aber ich fragte mich: Wie geht man als Mutter damit um, wenn sich Mobbing und Hass mit Ressentiments paaren und direkte Auswirkungen auf das Leben der eigenen Tochter haben? Mein Entschluss stand fest: Meine

1 | DIE BLONDINE IN HIGH HEELS

Tochter geht nicht auf eine Schule, in der Vorurteile anscheinend eine größere Rolle spielen als Anstand und gegenseitige Wertschätzung.

Ein normales Leben erscheint mir in jenen Momenten unendlich weit weg. Gleichzeitig ist mir bewusst: Ich muss meine Familie mit allen Mitteln vor diesem Sturm beschützen. Deswegen entscheide ich mich für eine radikale Abschottung: Ich gehe kaum noch aus dem Haus, lese keine E-Mails oder Nachrichten mehr und meide soziale Netzwerke. So schaffe ich mir für kurze Zeit eine kleine Insel der Stabilität und hoffe, der Shitstorm zieht bald vorbei. Heute weiß ich: So eine Situation – darauf werde ich im Verlauf dieses Buches noch eingehen – lässt sich weder kontrollieren noch ignorieren. In schier endlosen Gesprächen mit meinem Mann wird uns klar, dass unser gewohntes Leben in Deutschland vorbei ist. Wir beratschlagen uns: „Wie machen wir weiter? Was ist das Beste für unsere Familie, unsere Kinder? Wie und wo können wir einen Neuanfang starten?" In einer Nacht-und-Nebel-Aktion beschließen wir, aus Deutschland in die USA auszuwandern.

Natürlich bin ich mir bewusst, dass nicht jeder die Mittel hat, in einem anderen Land einen Neuanfang zu starten. Trotz der beschriebenen Umstände waren mein Mann und ich in einer privilegierten Stellung: Wir hatten – Gott sei Dank – eine Wahl. Den meisten bietet sich keine Chance, ihr Leben komplett umzukrempeln. Trotzdem ist die Gefahr, wie ich einen Shitstorm zu erleben, für jeden Menschen noch nie so groß wie heute. Sie wird größer, je ausgiebiger wir uns in der Öffentlichkeit und vor allem in den sozialen Medien präsentieren. Ein Shitstorm – und sei es nur ein Stürmchen – kann sich jederzeit entwickeln. Es mag mit einer unbedachten Äußerung, einem fehlinterpretierten Foto oder noch viel weniger anfangen. Was daraus wird, ist aber ein volles Postfach aus Beleidigungen und Fake News, bis hin zu Morddrohungen. Jede einzelne Nachricht potenziert das Unwohlbefinden. Wenn der Mob dann endlich weiterzieht, löst sich der Shitstorm nicht einfach auf. Die Nachrichten, die Bilder, der Hass, alles bleibt für immer auf unseren und anderen Profilen stehen. Ich kann deshalb verstehen, warum sich Menschen aus dem Internet zurückziehen: Der Ton wird rauer und schärfer, die Debatten schriller und selbst die banalste Äußerung kann dazu führen, dass man ausgegrenzt wird und in einen „Sturm voller Scheiße" gerät, um es mal auf Deutsch zu sagen.

Doch auch wenn es manchmal raucht und zischt: Das Internet ist keine Höllenmaschine, wir machen es dazu

Trotz dieser Horrorgeschichten bin ich nie eine Gegnerin des Internets, neuer Technologien oder der Digitalisierung geworden. Ich habe nie ein Verbot von Facebook oder anderer Großkonzerne gefordert. In Vorträgen erkläre ich das immer mit einem Vergleich: Das Internet ist genauso ein Werkzeug wie eine Kettensäge – ein großartiges Gerät. Dank ihr sitze ich an einem Holztisch und Sie können dieses Buch auf Papier lesen. Andererseits ist so eine Säge auch gefährlich, wenn Sie nicht wissen, wie Sie damit umgehen müssen. Wussten Sie, dass sich in Deutschland jährlich über 500 Menschen mit Kettensägen verletzen? Trotzdem würde niemand auf die Idee kommen, Kettensägen zu verbieten, oder? Es sind Werkzeuge, die bei der Waldarbeit unersetzlich sind. Deswegen gibt es Kettensägen-Kurse, bei denen man den Umgang mit den Geräten lernt. Und genauso ist es mit dem Internet. Es ist ein fabelhaftes Werkzeug – unersetzbar, es vereinfacht und prägt unser Leben jeden Tag aufs Neue. So wie es für die schlimmsten Dinge benutzt wird, verbindet es uns enger mit unseren Lieben und fördert Kreativität und Geschäftssinn. Wir müssen nur lernen, damit umzugehen. Wir haben es selbst in der Hand, ob wir aus dem Internet eine Höllenmaschine oder ein Schlaraffenland machen.

Nach dem Umzug in die USA kann ich zum ersten Mal wieder durchatmen: Dort bin ich plötzlich nur Stephanie Guttenberg. Niemand kennt meine Familienstory, niemand jagt hinter uns her, ich bin ein Niemand. Und das fühlt sich großartig an! Erleichternd. Befreiend.

Trotzdem lösen sich nicht alle Probleme in Luft auf, nur weil man umzieht. In Deutschland war ich noch der Überzeugung, die USA und die US-Amerikaner gut zu kennen. Was für ein Trugschluss! Ich kann mein deutsches Leben nicht einfach in die USA übertragen. Stillsitzen ist mir schon in Deutschland immer schwergefallen, es gab genug bei „Innocence in Danger" und anderen Projekten zu erreichen. In den USA muss ich auf einmal zu Hause bleiben, weil ich keine Arbeitsgenehmigung habe. Mein geliebtes Berlin ist weit weg, genau wie meine Freunde, die von da an ohne mich unterwegs sind. Hier wird mir bewusst: Social Media kann uns zwar mit Familie und Freunden vernetzen, es ist jedoch kein Ersatz für das „echte" Leben.

Ich habe damals dieses Leben zurückgelassen, weil es das Richtige für meine Familie war. Gegen die plötzliche Einsamkeit hat diese Einsicht jedoch nicht geholfen. Ich sitze in dieser Zeit oft allein in einem Haus in einem amerikanischen Vorort und versuche, das neue Leben für unsere Familie aufzubauen. Zwar überwiegt gerade am Anfang die Erleichterung, dem medialen Dauerfeuer entkommen zu sein, aber dennoch ist es nicht leicht, ein neues Leben zu beginnen. Es fällt mir lange schwer, neue Freunde zu finden, und ich sehne mich nach Deutschland und Europa zurück.

Irgendwann konnte ich dem Umzug auch etwas Gutes abgewinnen. Meine Kinder konnten ein freies Leben führen, ohne den Ballast der „Guttenberg-Affäre", und ich durfte ein Land kennenlernen, das zwar viele Kontraste bietet, aber gerade im Hinblick auf die Digitalisierung zu den weltweiten Vorreitern gehört. Ja, in den USA habe ich auch vieles unangenehm empfunden: der Hang zu belanglosem Geplauder, der gnadenlose Wettbewerb, die tiefe Spaltung der amerikanischen Gesellschaft, in der Geld die einzige gesellschaftliche Währung ist. Doch die Amerikaner besitzen einige Eigenschaften, die ihnen helfen, sich in der neuen digitalen Welt besser zurechtzufinden – besser als wir.

Während wir in Europa gern an Altem festhalten, als könnte es uns vor der Zukunft beschützen, lechzen die Amerikaner danach, sich eine neue Zukunft aufzubauen. Besonders deutlich wird das an der Gründerlust. Wer in den USA eine Geschäftsidee hat, den bremst niemand mit Einwänden oder starren Verordnungen aus. Statt eines „Das funktioniert doch niemals!" höre ich dort: „Das ist eine geile Idee, ich möchte mitmachen!" Selbst wenn es nicht klappt: Scheitern ist in den USA kein Makel. Während in Deutschland ein abgebrochenes Studium oder eine Firmeninsolvenz für ewig den Lebenslauf „verschandeln", haken die Amerikaner das als „experience" – also Erfahrung, aus der man etwas gelernt hat – ab und basteln am „next big thing". In Deutschland wird aus dem „nächsten großen Ding" meist nach quälenden TÜV-Vorgaben und DIN-Normen eher das nächste kleine Ding ganz unten im Papierkorb. Lange Zeit war das kein falscher Weg: Unsere Gewissenhaftigkeit und unsere Regeln haben uns als Land reich und mächtig gemacht. Wir werden in der Welt geachtet. Das kann uns jedoch nicht vor der digitalen Realität retten, die unseren Alltag schon heute grundlegend verändert hat.

Ich bin der Meinung: Das können wir besser. Vor allem können wir es besser als die Amerikaner. Denn natürlich erkenne ich die Gefahr, die vor allem von der Digitalisierung unseres Privatlebens ausgeht. Ich habe sie selbst erlebt. Sei es als Shitstorm, der über mich hereingebrochen ist, oder als ein schier unendliches Netz von Kinderschändern im Internet. Ebenso habe ich in den USA viele digitalerschöpfte Menschen kennengelernt. In fast jedem Haushalt steht ein Buch über Digital Detox, und der Ton in den sozialen Netzwerken ist dort noch schriller als bei uns. Statt aus Angst vor Veränderungen die Augen vor den Möglichkeiten der Digitalisierung zu verschließen, sollten wir uns Lust am Ausprobieren von den Amerikanern abgucken und unseren eigenen Weg finden. Es ist Zeit, aufzuhören, kopfschüttelnd in den verwilderten Nachbargarten zu schauen, und stattdessen unsere eigenen Beete neu zu bepflanzen.

Ich werde Ihnen nicht versprechen, dass Sie nach der Lektüre dieses Buches zum TikTok-Star werden. Vermutlich wollen Sie das auch gar nicht. Ich kann Ihnen aber versprechen, dass Sie zumindest verstehen werden, warum Sie lieber Geburtstagsgrüße per WhatsApp versenden, als anzurufen. Und warum das nichts Schlechtes sein muss. Nur um ein kleines Beispiel zu nennen. Sehen Sie dieses Buch als eine Gelegenheit, einen digitalen Neuanfang zu machen, ohne auf die nachtrabende Gesellschaft warten zu müssen. Ich möchte Sie dabei begleiten, Sie in einen Kosmos mitnehmen, in dem Ausdrücke wie „KEKW" oder „seggs" kein Gebrabbel mehr sind, sondern normaler Umgangston. Falls Sie neugierig sind: „KEKW" ist ein Ausdruck für Schadenfreude, „seggs" ein Synonym für Sex, um Jugendschutzfilter zu umgehen. Am Ende werden Sie nicht mehr kopfschüttelnd neben Ihrem Kind stehen und sich fragen, warum mittwochs ein Frosch viele Social-Media-Seiten bestimmt. Vor allem in der Erziehung unserer Kinder wägen wir viele Unsicherheiten ab: Wann sollte das Kind das erste Handy bekommen? Wie viel Zeit im Internet ist okay? Wie kann ich meinem Kind beibringen, sich im Internet zu schützen? Ich musste mir all diese Fragen auch stellen und habe dabei gute und schlechte Erfahrungen (und eine sehr schlechte, aber dazu später mehr) gemacht, von denen Sie profitieren könnten. Ich möchte all das mit Ihnen teilen und Ihnen helfen, sich auf die guten Erlebnisse zu konzentrieren. Es geht mir nicht darum, Ihr Leben auf den Kopf zu stellen, das macht die Digitalisierung schon von ganz allein. Wenn Sie dieses Buch zuklappen, werden Sie vielleicht verstanden haben, was da auf uns zugekommen ist, und als „Digital Citizen" souveräner damit umgehen können: in der Erziehung und Bildung Ihrer Kinder oder in Ihrem alltäglichen Leben. Ich möchte Ihnen Werkzeuge an die Hand geben, mit denen Sie das „Gerät" Internet und die fortschreitende Digitalisierung gezielter, gelassener und einfacher meistern können.

Noch eine kleine Warnung: Es wird Momente geben, in denen Sie wütend werden, wenn ich über den aktuellen Zustand unserer Schulen schreibe, wenn Sie erfahren, welche Chancen wir vertun, für unsere Kinder das Beste zu fordern. Wie es sein kann, dass wir drei halbe

Digitalministerien haben, aber keinen Plan für flächendeckendes Breitbandinternet. Erlauben wir uns diese Wut! Aus ihr kann eine laut vernehmbare Stimme werden, die unsere eigene Zukunft und vor allem die Zukunft unserer Kinder verbessern wird.

27 EINE ENTSCHEIDUNG FÜRS LEBEN: DAS ERSTE HANDY

Meine jüngere Tochter hat ihr erstes Handy mit acht Jahren bekommen, sie war gerade in die dritte Klasse gewechselt. Die Familie hatte gemeinsam beschlossen: „Es ist nun so weit, das erste Handy kann her."

Das erste *eigene* Handy war und ist etwas Besonderes. Ich weiß noch, das erste Handy meiner Tochter war so ein Klappding mit Antenne. Ultramodern damals. Es war feuerwehrrot und sie war mächtig stolz darauf. Das Handy war DAS Gesprächsthema in ihrer damaligen Schulklasse. Natürlich ist das in Digitaljahren gerechnet eine Ewigkeit her und wirkt heute putzig. Mit seinen zwölf Tasten und dem Mini-Bildschirm erscheint das Gerät heute aus der Zeit gefallen.

Für viele Eltern – mich eingeschlossen – hat der Handykauf fürs Kind vor allem praktische Gründe: Es fühlt sich sicherer an, dem Kind, wenn es das Haus verlässt, das Handy in die Tasche zu stecken. Das „Ruf an, wenn was ist" gehört zum Abschiedskuss dazu. Seien es Magenschmerzen während der Schulzeit, das vorzeitig beendete Training oder die Frage nach der spontanen Übernachtung bei einer Freundin – ab sofort konnte meine Tochter von unterwegs anrufen und ich sie selbst immer erreichen. Das Handy war ein erster Schritt im Erwachsenwerden und das Werkzeug, mit dem sich meine Tochter eine komplett neue Welt erschließen konnte. Aber ich musste ihr beibringen, damit umzugehen.

In vielen Familien ist die exzessive Handynutzung der Kinder ein ständiger Streitpunkt. Unsere Familie war keine Ausnahme, ich musste selbst lernen, was ich erlauben und was ich von meinem Kind fordern kann. Für Eltern, die gerade mit dem Gedanken spielen, ihrem Kind das erste Handy zu kaufen, ist das mein erster Rat: Machen Sie Ihrem Kind von Anfang an klar, dass mit dem neuen Gerät auch eine Verantwortung ins Kinderzimmer kommt. Es soll verstehen, dass es nicht nur darum geht, von nun an ständig mit den Freunden zu schreiben.

Bis heute erzählt meine Tochter, wie sehr das erste Handy für sie ein Schritt zum Erwachsenwerden war. Es waren immer die Erwachsenen, die Handys hatten, und von nun an sollte sie dazugehören. Wir vertrauten ihr mit dem Gerät etwas Besonderes an und das spürte sie. Das Handy hat sie übrigens heute noch. Es ist zu einer Erinnerung an ihre Kindheit geworden. Wie ein geliebtes Kuscheltier. Antik, aber niedlich.

Je selbstständiger Kinder werden, je öfter sie länger aus dem Haus sind, desto wichtiger wird die Kommunikation mit ihnen, auch wenn sie nicht zu Hause sind. Ohne Wenn und Aber: Das Handy ist dafür das perfekte Gerät. Es bietet uns Eltern die Sicherheit, die wir uns wünschen, und ermöglicht unseren Kindern, ihre Freiheit zu entdecken.

Auch wenn das erste Handy für meine Tochter etwas Außergewöhnliches war, konnte es eigentlich kaum etwas. Es hatte ein paar Notfallnummern gespeichert, die sie anrufen konnte, eine SMS war auf 160 Zeichen beschränkt, das Display daumengroß, und es gab auch nur ein einziges Spiel: Vielleicht erinnern Sie sich noch an „Snake"? Ein Spiel, bei dem man eine Pixelschlange über den Bildschirm zu zufällig angebotenen kleinen Portionen Pixelfutter manövrieren musste. Alles kein Vergleich zu den heutigen Geräten, auf deren Bildschirmen es blitzt und blinkt und die Hersteller immer mehr Pixel hinter das Glas packen.

2 | EINE ENTSCHEIDUNG FÜRS LEBEN: DAS ERSTE HANDY

Heute haben die meisten Smartphone-Nutzer Flatrates, damals musste jeder Anruf und jede SMS bezahlt werden. Vielleicht waren das einfachere Zeiten. Trotzdem habe ich mir schon damals viele Gedanken gemacht:

Ich hatte Horrorgeschichten von anderen Eltern gehört, deren Kinder vom Bett aus Telefonrechnungen in Höhe von Hunderten Euro erzeugt hatten und die kaum noch von den Geräten wegzubekommen waren. In den Medien warnten Wissenschaftler vor dem „Handydaumen" von der Herumdrückerei auf den Tasten. Heute weiß ich, dass vieles davon mindestens übertrieben und einiges sogar kompletter Unfug war. Trotzdem gab es in unserer Familie von Anfang an klare Regeln für das Handy, manche gelten sogar noch bis heute, wenn mich meine Töchter besuchen.

Damals wie heute gilt: Wir müssen unseren Kindern den Umgang mit dem Handy beibringen. Kein Mensch würde einem Kind das erste Fahrrad kaufen und es alleine auf die Straße schicken. Stattdessen kaufen wir ein Kinderrad mit Stützrädern und laufen nebenher, wenn es die ersten Meter über die Straße wackelt. Die Stützräder kommen auch erst ab, wenn unsere Kinder sicher fahren können. Wir wollen ja nicht, dass sie sich wehtun. Und so sollte es auch mit dem Handy sein.

Ein Smartphone ist heute im Gegensatz zu früher nicht mehr nur ein Telefon. Es ist der Besuch im Einkaufszentrum, die gesamte Brockhaus-Ausgabe und mehr, die Hochleistungskamera, mit der man fotografieren UND filmen kann, es ist Zugang zu zahlreichen Social-Media-Angeboten, wo die Freunde schon auf einen warten. Die Möglichkeiten sind fast unendlich. Für uns, die mit Telefontisch im Flur und Wählscheibe aufgewachsen sind, wirkt das oft wie Science-Fiction. Wenn wir ehrlich zu uns sind, verlassen auch wir Erwachsene uns sehr auf die Geräte. Oder wann haben Sie das letzte Mal mit einer „richtigen" Kamera fotografiert? Mit den Möglichkeiten wachsen gleichzeitig auch die Gefahren. Es lohnt sich also, genau darüber nachzudenken, wie lange wir nebenherlaufen, wie oft wir die Straßenregeln erklären und wann wir beschließen, die Stützräder abzumontieren.

Seit Jahren wächst der Anteil der sechs- bis siebenjährigen Kinder, die ein Handy zumindest ab und an benutzen. 2014 war es noch jedes fünfte. Fünf Jahre später schon mehr als die Hälfte. In dem Alter benutzen sie noch oft die Handys der Eltern, spätestens mit zehn Jahren hat schon eine Mehrheit der Kinder ein eigenes Gerät. Das ist kein Wunder, immerhin verbreiten sich Handys auch im Rest der Bevölkerung rasant. So besaßen 2020 mehr als zwei Drittel der Deutschen ein Smartphone. Bei den jüngeren zwischen 14 und 19 Jahren sind es annähernd 100 Prozent. Es ist also nicht übertrieben, zu sagen: Das Handy ist ein Teil unseres Lebens geworden, so wichtig wie der Kühlschrank in unserer Küche – oder für manche sogar wichtiger.

Natürlich ist es heute wahrscheinlich schwieriger, Kinder an Smartphones heranzuführen als früher, weil die neuen Telefone so viel mehr können. Mit der unaufhaltsamen Verbreitung der Geräte gibt es auch ständige Diskussionen über den richtigen Umgang damit. Die einen finden, das Handy sollte nicht in Kinderhände, und warnen vor den Folgen für die noch jungen Gehirne. Die anderen fordern, möglichst früh schon mit Medienbildung der Kinder anzufangen, weil der technische Fortschritt ein fester Bestandteil ihres künftigen Lebens sein wird. Ich würde mich eher zur zweiten Gruppe zählen, aber es schadet nie, auch über die Gefahren Bescheid zu wissen. Das heißt nicht, dass Sie alles kontrollieren und verbieten oder Ihre Bedenken stumm herunterschlucken müssten. Kein Elternteil will als die ängstliche (und oft ahnungslose) Glucke dastehen oder gar mit einem NEIN-Stempel für alle Bitten des Kindes auf der Stirn herumlaufen.

Wie könnten Sie also vorgehen, wenn Ihr Kind das erste Handy bekommen soll?

Wann ist Ihr Kind so weit?

Sie können sich das erste Handy als einen neuen Mitbewohner in der Familie vorstellen. Er (also das Handy) wird ihr Leben auf den Kopf stellen, vielleicht nicht von Anfang an und vielleicht werden Sie es nicht gleich merken. Aber ich verspreche Ihnen: Der neue Mitbewohner wird bald sehr viel Raum im Leben Ihres Kindes und damit auch in Ihrem Leben einnehmen. Was natürlich nicht heißen soll, ihn nicht ins Haus zu lassen. Trotzdem können Sie zumindest kurz darüber nachdenken, wer da gerade bei Ihnen einzieht.

Fragen Sie sich zuallererst aber: „Was will *ich* eigentlich von dem Gerät?" Geht es Ihnen um Sicherheit und darum, Ihr Kind auch unterwegs erreichen zu können? Oder schnappt sich Ihr Kind immer wieder Ihr Handy, was Sie mit der Anschaffung verhindern wollen? Je nachdem, wie Sie die Fragen beantworten und wie Ihr eigener Umgang mit dem Handy aussieht, kann die Anschaffung auch zu Problemen führen. Nämlich dann, wenn Sie selbst zu viel vor dem Bildschirm hängen.

Die meisten Kinder bekommen heutzutage zwischen sieben und elf Jahren ihr erstes Handy. Also genau die Zeit, wenn sie zum ersten Mal im Leben häufiger allein unterwegs sind. Dann ist auch nichts gegen ein eigenes Handy einzuwenden, selbst wenn ihr Kind noch jünger ist. Grundsätzlich steht vor der Entscheidung für oder gegen das erste Handy die Frage: „Ist mein Kind reif genug dafür?" Es gibt keine starren Grenzen bei dieser Frage. Manche Kinder verstehen recht früh, wenn man ihnen sagt: „So, das ist wirklich nur für den Notfall." Und dann gibt es andere, die können damit noch nicht umgehen. Manche Kinder müssen vielleicht nur ein bisschen älter werden.

Ihr Kind hält sich vorbildlich an Absprachen wie vereinbarte Fernsehzeiten oder wann es zu Hause sein soll? Dann probieren Sie es aus. Schafft Ihr Kind es nicht, Ihre Regeln einzuhalten, sollten Sie vermutlich noch etwas warten. Schauen Sie sich den Menschen an, der vor Ihnen steht, und entscheiden Sie danach. Was Ihre Entscheidung nicht beeinflussen sollte, ist der Satz: „Alle" anderen haben auch schon ein eigenes Handy. Erstens ist das oft nicht wahr und zweitens ist Ihr Kind eben nicht „alle anderen", sondern einzigartig. Wie bei fast jeder Entscheidung, die wir für unsere Kinder treffen: Am Ende ist es ein Sprung ins kalte Wasser.

Es gibt jedoch Fragen, mit denen Sie zumindest testen können, wie tief das Wasser ist. Die Fragen sollen zur groben Orientierung dienen und sind auch eine Gelegenheit, Ihrem Kind etwas über den Umgang mit dem Gerät beizubringen.

- Akzeptiert es die Regeln für den Umgang mit dem Gerät?
- Zeigt Ihr Kind Sinn für Verantwortung? Sagt es Ihnen, wenn es das Haus verlässt und wann es wieder zurück sein wird?
- Neigt Ihr Kind dazu, Dinge leicht zu verlieren? Den Schulranzen oder Hausaufgabenblätter? Wenn ja, dann verliert es eventuell auch ein (teures) Telefon.
- Kann Ihr Kind die anfallenden Kosten überblicken? Zum Beispiel in Bezug zum eigenen Taschengeld setzen?
- Weiß Ihr Kind, wo zusätzliche Kosten, zum Beispiel Zusatzkäufe in Apps anfallen?
- Muss Ihr Kind aus Sicherheitsgründen mit Ihnen in Kontakt stehen können? Leidet es zum Beispiel an einer Krankheit oder wohnen Sie in einer großen Stadt?
- Erkennt Ihr Kind Werbung und weiß, dass Werbung dazu da ist, Produkte zu verkaufen?
- Weiß Ihr Kind, dass es keine privaten Informationen, wie zum Beispiel den Wohnort oder das Alter, im Internet teilen sollte?
- Weiß Ihr Kind, dass Gesetze und Regeln auch im Digitalen gelten? Versteht es, dass beispielsweise Beleidigungen verboten sind?
- Weiß Ihr Kind, dass es bei Mobbing oder unangebrachten Nachrichten von Unbekannten bei Ihnen Hilfe finden kann?
- Haben die Freunde Ihres Kindes schon ein Handy? Wenn ja, dann kann ein einfacher Kommunikationsweg zu den Freunden gut sein.
- Glauben Sie, dass Ihr Kind das Handy verantwortungsbewusst nutzt und sich zum Beispiel beim Hausaufgabenmachen nicht ständig ablenkt?
- Hat Ihr Kind eine grundsätzliche Idee von Datenschutz und den möglichen Einstellungen am Gerät?

Wenn Sie mehr als die Hälfte der Fragen mit Ja beantworten können, ist Ihr Kind vermutlich bereit für das erste Handy. Trotzdem sollten Sie nach dem Kauf nicht davon ausgehen, dass der Umgang ein Selbstläufer wird – und reden Sie mit Ihrem Kind über die Fragen, die Sie mit Nein beantworten mussten. Aber am Ende kennen Sie selbst Ihr Kind am besten.

Wie aus Regeln Gewohnheit wird

Für mich war es damals auch keine leichte Entscheidung, als wir das Handy für meine Tochter gekauft haben. Natürlich habe ich mich gefragt, ob sie so weit ist, ob ich ihr im Umgang mit dem Handy vertrauen kann. Sei es wegen der Telefonkosten, die damals noch deutlich höher waren, oder der Zeit, die sie damit verbringen könnte. Deswegen habe ich von Anfang an Regeln festgelegt. Schon bevor meine Tochter das Handy überhaupt bekommen hatte, gab es in unserer Familie *Medienverträge*. Die Idee: Wir nehmen uns beidseitig in Verantwortung, ich sie und sie mich. Was dürfen wir am Computer, was dürfen wir im Netz? Das haben wir aufgeschrieben und dann haben beide Vertragspartner unterzeichnet. In dem Vertrag stand beispielsweise, in welchem Zeitraum sie den Computer benutzen und welche Webseiten sie besuchen darf oder später auch die Frage nach eigenen Social-Media-Accounts. Diesen Vertrag haben wir nämlich regelmäßig überarbeitet und angepasst. Hielt meine Tochter die Regeln eine Zeit lang ein, haben wir Veränderungen aufgenommen, wenn sie sich zum Beispiel mehr Zeit mit dem Handy gewünscht hat. Jedes Mal, wenn eine neue Verhandlung des Vertrages anstand, haben wir darüber geredet, wie die vergangene Zeit war und welche Wünsche wir erfüllen. Wäre meine Tochter heute noch mal elf Jahre alt, würde ich ihr erstes Handy wieder mit in diesen Vertrag aufnehmen. Ein Beispiel für so einen Medienvertrag finden Sie im Anhang des Buches.

 Dabei war es mir immer wichtig, dass meine Tochter die Gründe für all diese Regeln versteht. Anfangs habe ich das Handy zum Beispiel abends an mich genommen und ihr erklärt, dass mir ihr Schlaf wichtig ist. Wenn Kinder verstehen, warum manche Dinge eben nicht gut für sie sind, dann halten sie sich oft ganz von selbst daran. Und wenn nicht, dann haben Sie sicherheitshalber das Telefon bei sich.

Mit diesen zwei Werkzeugen – dem Fragebogen und dem Medienvertrag – haben Sie die ersten Schritte gemacht: Sie kennen Ihr Kind ein bisschen besser und haben einen klaren Plan mit klaren Regeln. Nun können Sie Ihrem Kind das erste Handy anvertrauen. Haben Sie keine Angst, Fehler zu machen oder Ihrem Kind zu viel zuzutrauen. Aber: Machen Sie sich klar, dass das Handy die Sicht Ihres Kindes auf die Welt verändern wird. Es wird von nun an mit Freunden über Messengerdienste kommunizieren, Ihre spontanen Lehrstunden beim Zoobesuch mit einem kurzen Blick auf Wikipedia widerlegen können, aber auch Filter auf Fotos als normal ansehen.

Wenn ich an die Zeit mit dem ersten Handy zurückdenke, erinnere ich mich an meine (oft vergeblichen) Versuche, meine Töchter mal an die frische Luft zu bekommen. Solche Diskussionen verliefen nicht immer nur friedlich und haben sich oft angefühlt wie die berühmte „Platte mit Sprung". Die Großmutter hat die Handys am meisten gehasst. Oft hat sie geflucht und tut es bis heute: „Immer dieses blöde Gerät!" Hin und wieder habe ich das Handy auch weggenommen. Zum Beispiel, wenn ich gemerkt habe, dass es bei den Hausaufgaben zu sehr abgelenkt hat. Ich habe erst spät gemerkt, dass ich nicht alles schlimm finden muss, wenn Kinder sich mit dem Handy beschäftigen. Manchmal erwische ich mich heute selbst dabei, wie ich auf die Uhr schaue und merke, dass ich gerade drei Stunden vor dem Bildschirm verdaddelt habe.

Bitte beachten: Die häufigsten Fehler

Während meiner Zeit in den USA musste ich immer wieder anderen Eltern erklären, dass ich das Handy meiner Tochter nicht kontrolliere. Das waren dann auch solche Eltern, die froh waren, dem Kind mit dem

Handy auch ein Überwachungsgerät gegeben zu haben. Der Markt dafür ist riesig. Firmen bieten Kindersicherungssoftware an, die per GPS ständig anzeigt, wo sich das Handy (und damit meistens auch das Kind) befindet, die Nachrichten und Anrufe protokolliert.

Andere Eltern lesen regelmäßig die Nachrichten ihrer Kinder. All das tun sie aus Sorge um ihre Kinder. Und die Verlockungen sind auch groß. Als Elternteil ist es ein beruhigender Gedanke, ständig zu wissen, wo sich das Kind gerade aufhält und mit wem es sich schreibt, insbesondere wenn man in der Stadt oder in unsichereren Stadtvierteln lebt. Bei mir selbst war der Grund für das Handy ein Sicherheitsgedanke. Unsere Kinder sind nicht unser Eigentum. Wir möchten sie zu mündigen, freien Menschen erziehen, die selbstständig in der Lage sind, Gefahren einzuschätzen und zu umgehen.

Eine komplette Überwachung wie in George Orwells Roman „1984" wäre mit dem Handy zwar möglich, wird vor allem aber dazu führen, dass Kinder den Eltern misstrauen. Dabei vertrauen wir ihnen in so vielen anderen Dingen viel mehr: Wir trauen ihnen zu, dass sie auf dem Schulweg nicht zu Fremden ins Auto steigen. Wir trauen ihnen zu, beim Spielen nicht ständig Fensterscheiben einzuwerfen (was durchaus passieren kann und sicher ärgerlich, aber kein Weltuntergang ist). Wir trauen ihnen all diese Dinge zu, die zum Erwachsenwerden dazugehören. Nur beim Handy machen wir die Ausnahme. Wer Überwachungs-Apps auf dem Handy der Kinder installiert, entzieht seinem Kind das Vertrauen, das es braucht, um sich frei zu entwickeln. Ich bin mit dem Wissen aufgewachsen, dass meine Privatsphäre respektiert wird. Das war ein sehr erwachsenes Gefühl, das ich meiner Tochter auch immer geben wollte.

Sie können Ihre Kinder auch beschützen, ohne zu Helikoptereltern zu werden. Um auf das Bild des neuen Mitbewohners zurückzukommen: Der Neue bringt nicht nur eine Spielkonsole mit ins Haus, sondern fängt auch an, Ihrem Kind zu sagen, dass Sie nicht die einzige Autorität auf der Welt sind. Kurz: Es kann auch anstrengend werden.

Grundsätzliche Fragen

Sie haben sich also entschieden. Ihr Kind ist reif genug, ein eigenes Handy zu bekommen. Glückwunsch, der neue Mitbewohner zieht bald ein. Nun kaufen Sie ein Auto oder einen neuen Fernseher auch nicht einfach so aus einem Bauchgefühl heraus. Vielleicht recherchieren Sie im Internet, fragen den Nachbarn oder lassen sich in einem Laden beraten. Genau so sollten Sie auch an die Entscheidung über die Neuanschaffung herangehen. Es gibt einige Überlegungen, die den Kauf beeinflussen.

Zuallererst sollten Sie sich fragen, was Sie von dem neuen Gerät überhaupt erwarten. Wir haben zwar selbst mit günstigen oder gebrauchten Smartphones einen Computer in der Tasche, der leistungsfähiger ist als alles, was in der ersten Mondmission verbaut war, trotzdem ist das Angebot äußerst unübersichtlich. Das schließt nicht mal die zahlreichen sogenannten „Kinderhandys" ein, die eher mit dem ersten Handy meiner Tochter vor 15 Jahren vergleichbar sind und nur wenige Funktionen haben. Ich bin der Meinung, dass für das erste Handy auch ein älteres Gerät mit einer Prepaidkarte ausreicht. Telefonieren kann Ihr Kind damit und erreichbar ist es damit ebenso. Vielleicht haben Sie ja noch in einer Schublade ein abgelegtes Handy herumliegen und können das direkt nutzen. Mit einer Prepaidkarte ausgestattet, kann Ihr Kind auch nicht unendlich viel Geld ausgeben – Flatrates gibt es in den meisten Prepaidangeboten ebenfalls.

Wenn Sie Ihrem Kind das Handy nun überreichen wollen, geben Sie es ihm nicht einfach und lassen es gleich aufs Zimmer sprinten. Erstens ist es immer schön, die Freude eines Geschenkes zu genießen, und zweitens ist das die Gelegenheit, den neuen Mitbewohner gemeinsam kennenzulernen. Egal für welches Gerät Sie sich schlussendlich entschieden haben, entdecken Sie die Funktionen gemeinsam, speichern Sie Ihre eigene Handynummer sofort ein und spielen Sie vielleicht sogar (falls vorhanden) ein vorinstalliertes Spiel. Das hat mehrere Folgen: Zum einen haben Sie selbst einen Überblick über die Funktionen, können beobachten, wie Ihr Kind mit dem Handy umgeht und direkt von Anfang an gemeinsam die Regeln einführen.

Die Regeln

So wie ich damals mit meiner Tochter einen Medienvertrag ausgehandelt habe, sollten auch Sie beim ersten Handy von Anfang an klarmachen: „Das Handy ist keine Spielerei." Für meine Tochter bedeutete das erste Handy zwar Freiheit, aber gleichzeitig auch immer Verantwortung. Tasten Sie sich langsam heran, stellen Sie am Anfang lieber eine Regel zu viel auf als eine zu wenig. So können Sie auch testen, ob Ihr Kind sich an die vereinbarten Regeln hält. Nachbessern geht immer!

Zeitregeln: Die wenigsten Menschen lassen ihre Kinder unendlich lange Fernsehen schauen, sondern begrenzen bei jüngeren Kindern die Fernsehzeiten. Warum sollte das mit dem Handy anders sein? Nur weil es in die Hosentasche passt und dem Kind gehört, sollten Kinder nicht unkontrolliert viel Zeit damit verbringen dürfen. Denn egal ob Sie Ihrem Kind ein altes Schubladenhandy oder ein Kinderhandy mit eingeschränkten Funktionen geben: Der Sog, den das neue Gerät auslösen kann, ist groß. Selbst die Pixelschlange auf dem Handy meiner Tochter hat uns manchmal stundenlang gefesselt. Nur noch ein Versuch, den Highscore zu knacken! ;)

Experten empfehlen übrigens zwischen sieben und acht Jahren eine maximale Zeit von 30 Minuten am Stück und zwischen neun und zehn Jahren nicht länger als 45 Minuten mit dem Handy. Es gibt aber ein Problem: Anders als zum Beispiel beim Computer oder dem Fernseher lässt sich die Zeitdauer schwieriger festlegen, da Kinder die Geräte eher immer wieder für kürzeste Zeit nutzen: Kurz mal bei Instagram schauen oder eine WhatsApp beantworten dauert eben nur wenige Sekunden. Gerade deswegen sollte es – neben der Nacht – auch handyfreie Phasen geben.

Der Vorteil: Gerade Smartphones helfen dabei. Sowohl Android- als auch Apple-Geräte haben eine Funktion, mit der Zeitlimits für Apps eingestellt werden können. Nehmen Sie sich unbedingt die Zeit, herauszufinden, wo sich in den Einstellungen diese Funktion versteckt, und richten Sie Zeitlimits am besten direkt von Anfang an ein.

Inhaltsregeln: Vor Kurzem saß ich mit einigen befreundeten Eltern zusammen und wir kamen auf das Thema „erstes Handy" zu sprechen. Es ging hauptsächlich um das Einstiegsalter. Einen Vater beschäftigte jedoch auch etwas, mit dem sich viele Eltern herumschlagen müssen: die Unsicherheit vor dem, was hinter den Bildschirmen passiert. Ich kann das verstehen. Ich habe mich mit den schlimmsten und dunkelsten Seiten des Internets und von Social Media intensiv auseinandergesetzt und oft auch aktiv dagegen gekämpft. Mit meinem Start-up BG3000 versuchen wir, Kinder und Jugendliche in Sachen Cybersicherheit aufzuklären. Es ist unheimlich wichtig, Kindern schon beim ersten Kontakt mit dem Internet (und dazu gehören Handys inzwischen auch) Regeln mitzugeben.

Dazu gehört auch das Thema Apps und Spiele. Auch dafür bieten die meisten modernen Geräte Hilfen an. So können Sie einstellen, ob und welche Apps heruntergeladen werden – quasi eine Kindersicherung. Überlegen Sie sich auch, welche Apps Ihr Kind wirklich benötigt. Wenn Sie beispielsweise hauptsächlich über WhatsApp kommunizieren, dann sollte Ihr Kind eben auch WhatsApp haben – vorausgesetzt, Sie haben sich für ein Smartphone entschieden. Darüber hinaus gibt es durchaus auch Apps, die für Kinder geeignet sind und zum Beispiel spielerisch beim Lesen, Schreiben oder Rechnen unterstützen. Gute Apps für Kinder sind einfach aufgebaut, wirken nicht überladen und sind werbefrei. Laden Sie aber nicht einfach Apps herunter, nur weil sie kindgerecht aussehen. Nehmen Sie sich stattdessen die Zeit, gemeinsam mit Ihrem Kind zu spielen und sich ein eigenes Bild von den Programmen zu machen.

Umgangsregeln für das erste Handy: Die vielen Regeln mögen übertrieben wirken, aber gerade, wenn der neue Mitbewohner frisch eingezogen ist, braucht es viele Regeln, damit das Zusammenleben hinterher nicht komplett außer Kontrolle gerät. Wie das Handy in den Alltag integriert wird, muss ein Kind nämlich genauso lernen. Ihr Kind muss verstehen, dass das Handy ein wertvoller Gegenstand ist, mit dem es verantwortungsvoll umgehen muss. Das sollten Sie übrigens auch tun, wenn es sich um ein altes Gerät ohne wirklichen finanziellen Wert handelt. Denn neben den Kosten für ein neues Gerät sind auf dem Handy auch persönliche Daten, die bei einem Diebstahl oder Verlust im Zweifelsfall von Fremden genutzt werden können. Erklären Sie Ihrem Kind, dass es das Handy nicht aus der Hand gibt. Es ist seines und kein Allgemeingut. Darüber hinaus sollte auch klar sein, wann das Handy überhaupt dabei sein muss. Auf dem Weg zur Schule oder zum Sport: ja; bei der Familienfeier: eher nein. So können Sie handyfreie Zonen und Unternehmungen vereinbaren, in denen Sie selbst auch auf Ihr eigenes Handy verzichten. Das zeigt dem Kind, dass für Erwachsene ebenfalls Regeln gelten. Ich bin übrigens großer Fan der Handys-haben-am-Esstisch-nichts-verloren-Regel, die auch heute noch immer bei uns zu Hause gilt.

Vergessen Sie bei allen Regeln nicht, dass Sie gerade die Grundsteine dafür legen, wie Ihr Kind später mit dem Handy umgehen wird. Schon bei Süßigkeiten gilt: Wer als Kind nie gelernt hat, dass Naschen in Maßen großartig ist, der neigt als Erwachsener zu Süßkramorgien. Machen Sie auch regelmäßig Updates für den Umgang. Besprechen Sie mit Ihrem Kind, wie der neue Mitbewohner ankommt. Seien Sie dabei ehrlich mit Ihren eigenen Unsicherheiten. Ihr Kind kann das durchaus verstehen und fühlt sich ernst genommen. Genauso nehmen Sie aber auch Wünsche Ihres Kindes ernst. Dann können Sie darauf eingehen, Regeln verschärfen oder auch lockern. Aus den Gesprächen mit anderen Eltern habe ich schnell gelernt: Der Austausch mit ihnen hilft ungemein, zum Beispiel das Gejammer „Aber der Tom darf das schon!" einem Realitätscheck zu unterziehen. Lassen Sie sich niemals verrückt machen und lassen Sie den neuen Mitbewohner in Ihrem eigenen Tempo in Ihr Leben.

Noch sind Sie der Lehrer

Ich weiß, als Elternteil hat man meist genug zu tun, den Kindern etwas beizubringen. Die Hausaufgaben sind anstrengend, gerade die Coronajahre und Homeschooling haben viele Eltern an ihr Limit gebracht. Aber: Ihr Kind hat ein Gerät in die Hand bekommen, mit dem es sich in große Schwierigkeiten bringen und auch von anderen in Schwierigkeiten gebracht werden kann. Gerade im Bereich des Datenschutzes und in Bezug auf die Regeln und die Gefahren im Netz ist Ihr Kind auf Sie angewiesen. Es ist deswegen wichtig, sich nicht nur einmal zusammen hinzusetzen und auch schwierige Themen zu behandeln. Ich komme im Laufe des Buches noch mehr darauf zu sprechen. An dieser Stelle nur so viel: Auch wenn es manchmal so wirken mag – das Internet ist kein rechtsfreier Raum. Ich habe das meiner Tochter auch immer wieder gesagt: „Verhalte dich im Internet genauso, wie du es auch in der U-Bahn tun würdest." Wir bringen unseren Kindern ja auch bei, dass wir im Supermarkt die Süßigkeiten nicht einfach einstecken.

Kinder sehen uns als Vorbilder und machen uns in den meisten Fällen Dinge nach. Wie wäre es also, wenn Sie Ihrem Kind einfach zeigen, was Sie selbst mit dem Handy machen. Nicht nur, dass Sie dadurch auch selbst noch mal reflektieren, wofür Sie Ihr Gerät benutzen, Ihr Kind lernt dadurch sehr schnell, dass ein Handy eben nicht nur ein Spielgerät ist.

Dabei ist es wichtig, nicht zu hart zu sein. Fehler werden passieren. Es lässt sich kaum vermeiden, dass trotz Regeln das Handy mal aus der Tasche fällt und dabei das Display kaputtgeht. Mir ist so etwas auch schon passiert, warum sollte ich deswegen mein Kind bestrafen? Oder vielleicht rutscht Ihnen eine App durch die Kindersicherung oder Sie erwischen Ihr Kind nachts unter der Bettdecke am Handy. Manches ist Ihnen vielleicht auch schon passiert. Vielleicht haben Sie sich vorgenommen, das Handy jetzt wirklich mal liegenzulassen, um dieses eine Buch zu Ende zu lesen, nur um dann nach wenigen Minuten trotzdem bei der ersten Benachrichtigung draufzuschauen. Oder Sie sind nach „einem kurzen Blick" doch ein bisschen zu lange auf Instagram oder einem anderen sozialen Netzwerk hängen geblieben. Auch wenn ich immer wieder Partei für die Digitalisierung ergreife, großen Spaß beim Rumspielen am Handy habe und für einen entspannten Umgang mit sozialen Netzwerken werbe, weiß ich, wie schnell wir uns in den Weiten des Internets verlieren können. Dagegen hilft meiner Meinung nach nur eins: Bildung! Deswegen sollten Sie mit Ihrem Kind ohne Vorwürfe über Fehler reden. Zeigen Sie ihm die Folgen, aber bleiben Sie fair und verständnisvoll, so schwer das auch manchmal fällt.

Eine andere, jedoch umso schönere Möglichkeit, Ihrem Kind die Wichtigkeit, aber auch den selbstverständlichen Umgang mit dem ersten Handy beizubringen, sind gemeinsame Unternehmungen, die das Digitale und Analoge zusammenbringen. Einige Vorschläge: Beim Geocaching, einer Art Schnitzeljagd, erkunden Sie auf der ganzen Welt versteckte Schätze und tragen Ihre Funde in einer App ein. Oder Sie beteiligen sich an einem Citizen-Science-Projekt. Das sind durch Forscher organisierte Forschungsprojekte, bei denen Menschen echte Daten für echte Forschung beitragen. So können zum Beispiel über Smartphone-Apps Daten erhoben werden oder über eigens programmierte Webseiten Daten online gesichtet und ausgewertet werden. Beispielsweise sammelt eines der erfolgreichsten Projekte mit Fotos Daten über Galaxien im Weltall.

Denn auch wenn der neue Mitbewohner viel Chaos und Regeln mit sich bringt: Er weiß auch eine Menge spannender Geschichten zu erzählen und hat viele Ideen, die eben nicht auf dem Sofa stattfinden, sondern über Instagram und Co hinausgehen.

TIKTOK –
15 SEKUNDEN RUHM
FÜR JEDEN VON UNS

Vielleicht ist Ihnen aufgefallen, dass ich in diesem Buch sehr oft TikTok erwähne. 54 Mal, um genau zu sein. Sie können ruhig nachzählen. Keine Sorge, ich werde nicht von TikTok bezahlt, um hier in diesem Buch Werbung zu machen. Ich habe zwar schon länger einen TikTok-Account, aber nutze ihn selbst nicht. Stattdessen lasse ich mir von meinen Töchtern die lustigsten TikTok-Trends schicken. Das heißt noch lange nicht, dass das soziale Netzwerk unwichtig wäre oder mich nicht interessieren würde. Eher im Gegenteil:

TikTok ist das am schnellsten wachsende soziale Netzwerk. Nur fünf Jahre nach dem Start 2016 treiben sich eine Milliarde Nutzer, davon 100 Millionen aus Europa, auf der App herum – monatlich! TikTok hat damit in etwas über fünf Jahren geschafft, wofür Facebook fast neun gebraucht hat. Überhaupt ist TikTok ein soziales Netzwerk im Hochgeschwindigkeitsmodus: Nutzer verbringen mehr Zeit dort als in anderen Netzwerken, interagieren stärker miteinander und laden auch häufiger selbst Videos hoch.

In Deutschland – traditionell eher Social-Media-feindlich – hat TikTok den Ruf, hauptsächlich Kinder anzuziehen, was auch tendenziell stimmt, aber eben auch nur die halbe Wahrheit ist. Denn genau wie bei Facebook und Instagram strömen gerade immer mehr ältere Menschen in die App und lassen sich von den kurzen Videos in den Bann ziehen. Übrigens sogar so viele, dass jüngere schon Witze darüber machen, dass „ihr" soziales Netzwerk übernommen würde.

Wer in Zukunft also Bescheid wissen will, sollte sich TikTok ganz genau anschauen – und kann dabei auch viel über Influencer-Dasein, Algorithmen und den Community-Gedanken von sozialen Netzwerken lernen.

Falls Sie den Namen TikTok in diesem Buch zum ersten Mal gehört haben, ist das nicht schlimm. Ich möchte Sie kurz abholen: TikTok ist eine Videoplattform, die sich aus der App Musical.ly entwickelt hat. Das merkt man bis heute: 15 Sekunden Musik und dazu ein einstudierter Tanz reichen für den Einstieg. Inzwischen gibt es aber auch Videos über veganes Kochen, von Katzenliebhabern, Anleitungen für Holzschnitzerei, Ausschnitte aus Comedy-Auftritten oder Marathontraining, kurzum: TikTok ist so vielfältig wie die Menschheit – egal wofür Sie sich interessieren, Sie werden auf TikTok Videos dazu finden. Wichtig ist nur eines: Wenn Sie TikTok benutzen, werden Sie kein Ende finden – oder zumindest das Gefühl haben. Das macht auch den Reiz von TikTok aus, das nächste Video wartet, bevor Sie das vorherige aus dem Bildschirm wischen. So entsteht ein Sog, bei dem Sie kaum merken werden, wie viel Zeit vergeht.

Der Algorithmus von TikTok erledigt den Rest. Der ist nämlich so fein eingestellt, dass die App Nutzern fast nur Videos anzeigt, die ihnen auch gefallen. Ein Beispiel: Wenn ich mich dann doch in meinen TikTok-Account einlogge und mich einige Zeit durch den Fluss an Videos treiben lasse, dann schaue ich Videos von süßen Hunden bis zum Ende. Wenn im Video stattdessen Fußball vorkommt, ist mein Daumen schneller als der Zeigefinger von Lucky Luke und ich wische weiter. Das merkt der Algorithmus und zeigt mir dementsprechend viele Videos mit Hunden – beim Füttern, beim Gassigehen oder Schlafen. Nur damit ich in der App bleibe, in der Hoffnung auf das nächste süße Hundevideo. Je länger ich die App benutze, anfange Videos zu liken oder zu kommentieren, desto besser passt sich der Algorithmus an. Irgendwann weiß TikTok alles über mich. Welche Gerichte ich am liebsten anschaue, welche Hunderasse ich besonders liebe und ob ich ein eifersüchtiger Mensch bin. Ab jetzt bin ich sozusagen *Gefangene* des Algorithmus, der mich immer mehr mit Videos füttert, die mich wirklich interessieren. Manche Menschen nennen das auch „Kaninchenloch", nach dem Loch, in das Alice aus Lewis Carrolls Buch in Richtung Wunderland gefallen ist. Auch wenn Alice am Ende aus dem Wunderland wieder herausfindet: Für andere sind Algorithmen eher ein Sumpf, der uns verschlingt, wenn wir nicht aufpassen.

Im „Wunderland" warten auch einige kuriose Influencer auf Nutzer. Influencer, die durch die kurzen Videos sehr viel Geld verdienen und schon lange dabei sind. Ihre Videos sehen regelmäßig Millionen Menschen, sie bekommen Werbedeals und haben professionelles Video-Equipment. Andere haben „nur" einige Zehntausend Follower und filmen ihre Videos weiter mit dem Smartphone, mit dem sie auch ihre ersten Videos gedreht haben. Und dann sind da noch die, wie ich sie nenne, „Andy-Warhol-Influencer". Das sind Menschen, die mit einem Video die Algorithmus-Lotterie gewinnen und sonst nur wenige Hundert Nutzer erreichen, aber einen viralen Hit landen. Sie haben ihre 15 Minuten Ruhm, weil der Algorithmus sie auf die Bildschirme der Welt spült. Für viele Jugendliche ist das ein Traum und auch Motivation, immer weiter Videos zu machen.

Ich will hier nichts verharmlosen: TikTok kann beides sein. Ein unverfänglicher, kreativer Raum, in dem ich von einem blinden Mann gezeigt bekomme, wie er Vasen aus Holz schnitzt (wahnsinnig beeindruckend!).

Oder ein Ort, wo ich die Motivation finde, endlich für einen Marathon zu trainieren. Wie fast alles im Internet hat aber auch TikTok eine dunkle Seite. In einem Selbstversuch haben Journalisten beim *SPIEGEL* mit dem Algorithmus experimentiert. Dafür haben sie sich Nutzer ausgedacht, eine davon eine junge Frau, die an Fitness interessiert ist. Eine halbe Stunde in der App reichte aus, dass der Feed fast vollständig mit Fitnessvideos geflutet war. Die Folge haben Wissenschaftler auch schon auf Instagram festgestellt: Gerade junge Frauen entwickeln ein gestörtes Selbstbild, manche sogar eine Essstörung. Es ist eine komplizierte Situation. Ich finde die Kreativität vieler Menschen auf TikTok großartig. Inzwischen haben selbst die großen Medienhäuser verstanden, dass sie dort junge Menschen erreichen, und bieten politische Inhalte an. Andere produzieren Videos mit Lerntipps oder helfen beim Aufräumen.

Und für viele Influencer, die aus ein paar Hundert erst ein paar Tausend, schließlich noch mehr Zuschauer machen, werden die Zuschauer zu einer Community. Sie erfinden Spitznamen für die Menschen, die regelmäßig kommentieren, die sich wiederum miteinander unterhalten.

Auch ich sehe das Suchtpotenzial, das der unendliche Feed bietet, und kann mit dem Körperkult und den Folgen für das Selbstbild junger Menschen nichts anfangen. Deswegen mein Tipp: Probieren Sie es aus. Ich habe selbst schon einige Male mit meinen Töchtern vor dem Sofa kurze Tanzeinlagen einstudiert und aufgenommen. Sagen wir es mal so: Meine ersten Versuche wären nicht unbedingt viral gegangen. Aber schon das Herumalbern mit meinen Töchtern, die zahlreichen Fehlversuche haben irre viel Spaß gemacht – auch wenn ich am Ende ganz schön aus der Puste war. Außerdem hat es mir sehr viel Angst genommen, als ich verstand, was diese Tänzchen bedeuten. Jetzt kann ich viel entspannter sein, wenn meine jüngere Tochter mir mitten in der Nacht Videos schickt, wie sie mit ihrer Mitbewohnerin in einer Lernpause ein bisschen Bewegung braucht und das eben aufnimmt.

3/ „NEIN, DAS DARFST DU NICHT!" SCHÜTZT UNSERE KINDER NICHT IMMER

Es gibt einen Werbespot der EU-Initiative Klicksafe.de aus dem Jahr 2005, den Sie vielleicht gesehen haben. Er wurde damals in vielen Kinos und im Fernsehen gezeigt. Der knapp eine Minute lange Clip ist eines meiner Lieblingsvideos zu dem Thema. Im Spot sieht man ein Vorstadthäuschen, das auf einmal ziemlich viel Besuch bekommt. Zuerst sind es Neonazis, die den Sohn besuchen. Dann ein Schwarm knapp bekleideter Frauen, die „neue Stellungen" ausprobieren wollen. Dann eine Figur aus einem Action-Videospiel, die wild mit einem futuristischen Sturmgewehr herumballert. Und schließlich ein unscheinbarer Mann, der nach der „kleinen Anna" fragt, um ihr Häschen zu zeigen. Für die Mutter ist das alles kein Problem. Hilfsbereit zeigt sie den Weg ins Zimmer und lässt ihre Tochter schlussendlich sogar mit dem Mann mitgehen. Vollkommen absurd, nicht wahr? Erst am Ende erscheint die Botschaft des Clips: „Im wirklichen Leben würden Sie Ihre Kinder schützen. Dann machen Sie es auch im Internet." Die komplette Ahnungslosigkeit der Mutter im Film wirkt übertrieben, fast lächerlich. Wenn wir ehrlich sind, passiert das, was in dem Clip gezeigt wird, aber immer noch jeden Tag im Internet.

Obwohl ich großer Fan von fast allem bin, was mit dem Internet zu tun hat, will ich eines sehr klar sagen: Das Internet ist eine gefährliche Umgebung! Sie ist voller Menschen, die uns Böses wollen, die betrügen, lügen und missbrauchen. Damit ist das Internet ein Spiegelbild unserer materiellen Welt, in der jeden Tag Kinder Opfer von Gewalt werden.

Ich habe Ihnen schon erzählt, wie meine Arbeit bei „Innocence in Danger" meine Haltung zum Internet verändert hat. Zu sehen, wie Menschen den unschuldigsten Wesen – unseren Kindern – die schlimmsten Dinge antun, hat mir auch etwas beigebracht: Ich habe verstanden, wie ich meinen eigenen Kindern einerseits den Zugang zum Internet und andererseits zu ihrem eigenen Körper beibringen kann. Mir ging es nämlich lange wie vielen Eltern – meine digitale Erziehung war von Angst geprägt. Angst vor Pädophilen, die meinen Kindern im Netz auflauern, die sich in geheimen Netzwerken zusammenrotten und in die digitalen Räume eindringen, in der Kinder arglos den Großteil ihres Tages verbringen.

Genauso hatte ich Angst vor dem, was andere Kinder meinen Töchtern antun könnten. Davor, wie Mobbing auf einen Resonanzraum trifft, der Hass und Wut unendlich verstärkt und keine Möglichkeit zur Flucht lässt. Diese Angst ist nicht unbegründet, wie ich später erleben musste.

Je mehr ich mich mit den Schattenseiten der weltweiten Vernetzung, der Anonymität und der rasanten Entwicklung auseinandersetzte, desto häufiger dachte ich: „Es reicht, das Internet muss abgeschaltet werden." Ein naiver Gedanke, denn zu diesem Zeitpunkt war das Internet schon so weit in unser aller Leben eingedrungen, dass wir darauf nicht mehr verzichten konnten und können.

Anfangs dachte ich noch, dass ich meine Töchter mit Verboten schützen könnte. Ich habe versucht sie fernzuhalten, von allem, was ich an Schlechtem hinter ihren Bildschirmen vermutet habe. Aber je älter und selbstständiger sie wurden, desto mehr habe ich verstanden, dass das ein aussichtsloser Versuch war. Genau wie ich sie auf ihren Schulwegen anfangs noch begleitet und sie erst nach und nach allein losgeschickt habe, wollte ich stattdessen ihre Autonomie fördern. Also habe ich nach etwas gesucht, das meine Angst mildert und ihr Wissen über die Gefahren steigert. Ich wollte ihnen das digitale „Nach-rechts-und-links-Schauen" beibringen. Statt Verbote zu erteilen, führte ich mit ihnen von nun an also Aufklärungsgespräche. Dafür musste ich mich jedoch interessieren. Für das, was meine Töchter im Internet tun – aber auch für das, was andere im Internet tun. Am Anfang war das überwältigend, aber je mehr ich lernte, desto sicherer war ich: Es ist nicht so schwer!

Das Unfassbare: Kinderpornografie und Cybergrooming

2020 erschütterte ein Missbrauchsskandal von monströsen Ausmaßen die Bundesrepublik. Die Presse bezeichnet ihn als den „Missbrauchskomplex Bergisch Gladbach". Besonders die Taten von zwei Männern stechen hervor. Den beiden damals 39 und 43 Jahre alten Männern aus Krefeld und Viersen wird sexueller Missbrauch von Kindern in 79 Fällen vorgeworfen. Bei zwei ihrer Opfer handelte es sich um die Tochter des einen sowie um die Nichte des anderen Angeklagten. Die Männer sollen sich laut Anklage über ein Internetforum kennengelernt und sich regelmäßig getroffen haben, um die Kinder zeitweise gemeinsam zu missbrauchen. Dabei haben sie ihre Taten gefilmt und fotografiert, um die Aufnahmen im Internet zu teilen. Sie wurden damit Teil eines weltweiten Netzwerks aus Pädophilen.

Wie groß dieses Netzwerk ist, zeigt eine Zahl, die das Justizministerium in Nordrhein-Westfalen im Zusammenhang mit den Ermittlungen verkündet hat: 30.000! 30.000 mögliche Tatverdächtige vermutet die Polizei allein im Zusammenhang mit dem Komplex Bergisch Gladbach. Eine unvorstellbare Zahl, die der NRW-Justizminister Peter Biesenbach so kommentiert: „Ich habe nicht im Entferntesten damit gerechnet, welches Ausmaß Kindesmissbrauch im Netz hat." Der Justizminister mag naiv gewesen sein, denn wer sich mit dem Thema beschäftigt, merkt sehr schnell, welches Problem nicht erst seit diesem Fall vor uns liegt.

Das zeigen schon die Datenmengen, durch die sich die Ermittler wühlen müssen. Die Polizisten kämpfen gegen technisch hochgerüstete Gegner, die die technischen Möglichkeiten von Internet und Verschlüsselung ausnutzen. So hatte in einem anderen Fall ein Kinderschänder – ein IT-Techniker – seinen Keller zu einer Zentrale für Kinderpornografie umgebaut. Ermittler fanden einen klimatisierten Raum voller Computerzubehör mit einem Speichervolumen von 500 Terabyte. Das sind genug, um 200.000 Stunden Film in hochauflösender Qualität zu speichern – fast 33 Jahre Leid.

Dieses Leid wird über das Internet millionenfach kopiert und verbreitet. In einem Interview mit dem *SPIEGEL* berichtet ein Staatsanwalt der Zentralstelle Cybercrime Bayern (ZCB) von der überwältigenden Menge Daten, die die Ermittler sichten müssen. In den letzten Jahren haben sie Daten im Petabyte-Bereich – also Millionen Gigabyte – beschlagnahmt. Ein durchschnittlicher Laptop hat etwa 500 Gigabyte Speicherplatz, nur um das Ausmaß klarzumachen. All diese Daten lagen mal auf Servern, die mit dem Internet verbunden sind. Wer Bescheid wusste, konnte von überall auf der Welt darauf zugreifen.

Das hat zwei Folgen. Erstens vergisst das Internet nicht. Einmal in der Welt, ist es so gut wie unmöglich, die Dateien wieder „einzufangen". Damit müssen die Opfer ihr Leben lang klarkommen, was einem lebenslangen Martyrium gleichkommt. Und zweitens ist das Täterfeld so groß und international verstreut, dass eine Strafverfolgung extrem kompliziert ist.

Die Täter haben zudem eine besonders schäbige Art gefunden, sich selbst vor Strafverfolgung zu schützen und gleichzeitig an noch mehr Material zu kommen. In den Foren, in denen sich die Täter austauschen, mit ihren Taten prahlen und die Dateien verteilen, gibt es eine Regel: Wer das Material bekommen will, muss selbst solches hochladen. So entsteht ein System, das sich selbst erhält und gleichzeitig kaum von

Strafverfolgungsbehörden beobachtet werden kann, die natürlich keine Videos oder Fotos hochladen dürfen. Es ist ein andauernder Kampf zwischen den Tätern, die ständig ihre technischen Mittel aufrüsten, und der Polizei.

Zum Glück hilft der technische Fortschritt der Polizei auch. Um die Kinderschänder zu täuschen, laden sie mithilfe von künstlicher Intelligenz erstellte Aufnahmen hoch. So bekommen sie Zugang und können ihre Arbeit machen. Das mit den Fotos müssen Sie sich so vorstellen: Der Computer mischt nicht einfach verschiedene Gesichter, sondern erstellt komplett neue digitale Menschen. Frauen, Männer, Kinder – täuschend echt. Probieren Sie es doch mal aus und gehen Sie auf die Webseite thispersondoesnotexist.com. Sie werden sehen: Einen Unterschied erkennen Sie nur bei sehr genauem Hinsehen.

Die Täter suchen ihre Opfer auch in den sozialen Netzwerken

Ich erzähle Ihnen das alles nicht, um Ihnen Angst zu machen. Ich bin nämlich der festen Überzeugung, dass wir wissen müssen, dass Menschen den technischen Fortschritt ausnutzen, um unschuldige Kinder zu missbrauchen. Wenn Sie glauben, dass das alles weit weg ist und Ihr Kind nie treffen könnte, dann muss ich Ihnen sagen: Das ist leider falsch. Denn die Täter suchen sich ihre Opfer inzwischen auch in den sozialen Netzwerken. Man nennt das Phänomen „Cybergrooming". Es ist eine besonders subtile Strategie, sich Kindern im Internet zu nähern, die nichts mit den klischeebehafteten „Süßigkeiten" zu tun hat. Stattdessen sprechen die Täter ihre Opfer da an, wo sie so gut wie unbeobachtet sind: in den sozialen Netzwerken. Die Täter nutzen die Unbedarftheit, die Vertrauensseligkeit und das mangelnde Risikobewusstsein von Kindern aus. Sie suchen gezielt öffentliche Profile von Kindern und kommentieren beispielsweise bei Instagram unter den Fotos, wie hübsch und großartig sie seien. Für die Kinder ist das erst mal ein gutes Gefühl. Sie bekommen Bestätigung und Zuneigung.

Machen Sie ruhig mal selbst ein Experiment. Wenn Sie einen Instagram-Account haben, gehen Sie in die Suchfunktion und schauen sich Bilder aus Ihrer Umgebung an. Wenn Sie ein Foto eines jung aussehenden Menschen finden, lesen Sie die Kommentare darunter. Sie werden zahllose Kommentare finden. Mal ein Feuer-Emoji, mal einfach nur ein „You're so hot!". Alles unter Fotos von eindeutig Minderjährigen und geschrieben von eindeutig erwachsenen Männern. Aber das ist erst der Anfang.

Cybergrooming folgt immer dem gleichen Schema, quasi einem Drehbuch der Perversion. In privaten Nachrichten führen die Täter ihre Masche weiter. Sie bauen Vertrauen zu den Kindern auf. Sie täuschen Verständnis für ihr Leben und ihre Probleme vor. Dann wird es immer persönlicher. Sie fragen nach weiteren Fotos, den Lebensumständen, den Haustieren und Hobbys. Alles klingt nett und freundlich. Bis schließlich Fragen nach den sexuellen Erfahrungen kommen. Stellen Sie sich das vor: Einem Kind wird die Frage gestellt, ob es weiß, wie Oralsex funktioniert. Oder ob es schon Brüste hat. Irgendwann senden die Täter dann sogar pornografisches Material und bitten die Kinder unter einem Vorwand, selbst solche Fotos und Videos zu machen. Wenn das passiert, dann ist der Albtraum nicht zu Ende. Sie nutzen das Material, um die Kinder zu erpressen, indem sie damit drohen, die Bilder oder Videos zu veröffentlichen, wenn es sich jemandem anvertrauen sollte oder keine weiteren Bilder schicken will. Manche Täter gehen sogar so weit, damit ein echtes Treffen zu erpressen.

Wie schnell und erbarmungslos die Täter vorgehen, hat in den USA eine Mutter selbst in einem Experiment erfahren. Roo Powell ist eine gewöhnliche 37-jährige Frau, die jeden Tag in einem Büro arbeitet, in der Schlange an der Kasse steht und im Garten ihres Hauses Fußball spielt. Für das Experiment wird sie zu Sloane Ryan, denn sie wird sich im Internet Männern aussetzen, die normalerweise kleine Kinder als Ziel haben. Ihr Ziel hingegen sind diese Männer. Dafür hat sie einen

Instagram-Account erstellt und sich darin als elfjähriges Mädchen ausgegeben. Sie bindet ihre Brüste ab, lackiert sich die Fingernägel mit Glitzernagellack und bindet ihre Haare mit süßen Haargummis zu Zöpfen. Bildbearbeitungssoftware erledigt den Rest und der Instagram-Account von Sloane Ryan ist auf einmal der einer Elfjährigen. Die Ergebnisse waren erschreckend. Nicht einmal 24 Stunden nach dem ersten Post – einem harmlosen Selfie – bekommt sie zahlreiche Nachrichten von erwachsenen Männern, viele davon sofort mit eindeutigem Inhalt. Antwortet Ryan auf eine der Nachrichten, dauert es teilweise nicht mal fünf Minuten und die Männer senden Videos, in denen sie zum Beispiel vor der Kamera masturbieren. Was Ryan erlebt hat, ist schwer aushaltbar. Besonders, wenn man darüber nachdenkt, dass diese Täter auch echte Elfjährige anschreiben und womöglich Erfolg mit ihrer Masche haben.

Es gibt keine genauen Zahlen darüber, wie viele Kinder von Cybergrooming betroffen sind, aber allein 2019 hat die Kriminalstatistik des Bundeskriminalamts in Deutschland 3.264 Fälle von sogenanntem strafbarem Einwirken auf Kinder mit technologischen Mitteln erfasst, unter das auch Cybergrooming fällt. Es ist anzunehmen, dass die Dunkelziffer deutlich höher liegt.

Opfer werden geht schnell – über Cybermobbing

In einer Studie der Techniker Krankenkasse von 2020 haben 17,3 Prozent der Jugendlichen angegeben, schon einmal von Cybermobbing betroffen gewesen zu sein. Mehr als ein Drittel der Kinder zwischen 12 und 19 Jahren haben Cybermobbing entweder selbst oder im Freundeskreis erlebt. Die Opfer werden zum Beispiel anonym mit beleidigenden Nachrichten überschwemmt, mit Fotos bloßgestellt oder konsequent aus Gruppen oder Aktivitäten ausgeschlossen. Cybermobbing passiert oft unsichtbar für Dritte und – das ist das Gefährliche – kennt keine Schutzräume mehr.

Vielleicht erinnern Sie sich an Ihre eigene Kindheit, in der es das eine Kind gab, das auf dem Pausenhof verprügelt wurde. Aber wenigstens zu Hause war es vor dem Mobbing sicher. Cybermobbing geht noch weiter. Meist geht es in den Abendstunden los. Dann prasseln Hunderte Nachrichten im Sekundentakt auf das Kind ein. In denen beschimpfen und machen die Täter es nieder, sie manipulieren Fotos und stellen das Opfer vor der ganzen Welt bloß. Das Opfer geht durch die Hölle, denn Flucht ist unmöglich. Wohin auch? Das Handy liegt direkt neben dem Kopfkissen und vibriert bei jeder neuen Nachricht.

Mobbing ist in der digitalen Welt oft viel extremer. Das hat drei Gründe:

1. Unsere Kommunikation wird schneller und spontaner. Wo ein Brief früher mindestens einen Tag gebraucht hat (und auch noch Geld gekostet hat), ist die WhatsApp-Nachricht innerhalb von Sekunden geschrieben oder weitergeleitet. Mitläufer steigen ein, die früher vielleicht zwei Mal überlegt hätten.
2. Wir sprechen nicht mehr von Angesicht zu Angesicht und bekommen keine direkte Reaktion mehr auf Gesagtes, was unsere Kommunikation enthemmt. Eine Hassbotschaft ist leichter geschrieben, wenn man nicht die Tränen des Empfängers sehen muss.
3. Kinder teilen viel aus ihrem Leben, wenn man sie über die Gefahren nicht aufklärt. Mit der Menge an Nachrichten, Fotos und Videos wachsen auch die Gelegenheiten für Mobbing.

Wenn wir mit den Smart Camps zu Gast in Klassen sind, ist ein Thema auch immer Cybermobbing. Die Referenten machen zunächst ein Experiment mit den Kindern. Sie bitten sie, ihre Augen zu schließen, und stellen Fragen. Eine davon: „Bist du schon mal online gemobbt worden?" Wer Ja sagt, soll aufstehen. Erst dann dürfen die Kinder die Augen aufmachen. Und sind dann überrascht, wie viele andere in der Klasse auf einmal stehen. Wir möchten damit zwei Dinge zeigen: Erstens sollen die Kinder, die betroffen sind, verstehen, dass sie nicht alleine mit ihrem Problem sind. Und zweitens sollen alle Kinder merken, dass es eben nicht nur wenige betrifft.

Als Elternteil fühlt man sich in solchen Situationen überfordert und hilflos. Das sind Sie nicht.

Wie ich zur Löwenmutter wurde

Ich habe es am eigenen Leib zu spüren bekommen, wie schnell Eltern reagieren müssen, wenn es ernst wird. Als wir in den USA lebten, wurde meine jüngere Tochter gemobbt. Es war einige Jahre nach dem ersten Handy, der quietschroten Antiquität. Meine Tochter hatte inzwischen ein Smartphone und ein Social-Media-Profil. Ich hatte mich an ihre Leidenschaft für Instagram und Snapchat gewöhnt. Doch eines Abends kam sie vollkommen verängstigt zu mir. Sie zitterte am ganzen Körper und hatte Panik. Vollkommen aus dem Nichts hatte eine Schulkameradin ihr über Snapchat eine Nachricht geschickt: „Ich werde in deine Garage kommen und dich umbringen."

Eine Todesdrohung wirft eine Mutter komplett aus der Bahn. Ich stand in der Küche, es war schon dunkel und ich wusste nicht mehr weiter. Für so eine Situation gibt es keine Anleitung im Grundkurs „Elternsein". In einem Land, in dem es mehr Schusswaffen als Einwohner gibt, sind solche Drohungen bitterer Ernst.

Als ich wieder halbwegs klar denken konnte, schaltete ich sofort in den Angriffsmodus. Ich wusste, das ist nichts, wo ich abwarten muss, oder meiner Tochter sage: „Morgen stehst du auf und wehrst dich." Ich wusste genau, ich muss *jetzt* eingreifen. Also habe ich dem Schuldirektor sofort eine E-Mail geschrieben: „Meine Tochter hat eben von Dana* eine Todesdrohung erhalten, wir müssen sofort

---

* Dana heißt eigentlich anders.

handeln. Meine Tochter wird morgen auch nicht zur Schule erscheinen."

Es war zwar meine Entscheidung, meine Tochter zu Hause zu lassen, aber sie hätte selbst auch gar nicht in die Schule gewollt. Ihr ging es – im Gegensatz zu mir – gar nicht darum, dass ihr Leben bedroht war. Es war die Tatsache, dass die Drohung aus dem schulischen Umfeld über Social Media zu ihr kam. Zwei Orte, an denen sie sich eigentlich wohlfühlte.

Wie die Schulleitung dann reagierte, war für mich ein Skandal. Bis heute werde ich wütend, wenn ich daran denke. Der Direktor drängte mich, doch „bitte die andere Seite zu verstehen". Das Einzige, wovor die Schule Angst hatte, war ein öffentlicher Aufschrei. Ich habe sogar damit gedroht, die Polizei einzuschalten. Der Schulpsychologe wurde hinzugezogen und am Ende musste sich die Täterin entschuldigen. Ich hätte mir eine härtere Konsequenz gewünscht, zum Beispiel den Schulverweis. Meine Tochter hat die Täterin auf allen Kanälen blockiert. Damit war für die Schule die Sache geklärt. Für mich war die Sache nie geklärt. Ein junges Mädchen, dem soziale Ängste diagnostiziert wurden, konnte meine jüngere Tochter ohne Folgen mit dem Tod bedrohen. Mehr Erklärung gab es nicht, weswegen ich mich bis heute frage, was einen Menschen zu so einer Tat verleitet.

Damals habe ich als Mutter überlegt, ob ich meiner Tochter zusätzlich das Handy für eine Weile wegnehmen sollte, um sie vor solchen Situationen zu beschützen. Ich habe mich dagegen entschieden, weil ich ihr nicht das wichtigste Kommunikationsmittel nehmen und sie nicht für etwas bestrafen wollte, an dem sie nicht schuld war. Sie hat sich dann freiwillig entschieden, eine Weile nicht mehr auf Snapchat zu sein.

Sie sind nicht hilflos!

Natürlich macht das die Tat und damit auch die Angst meiner Tochter nicht ungeschehen, die Geschichte zeigt aber, dass man als Vater oder

Mutter nicht hilflos ist. Sie können sich wehren. Denn auch wenn Mobbing an sich gesetzlich nicht bestraft wird – was die Täter sich als Quälereien ausdenken, ist meist strafrechtlich relevant. Niemand darf ohne Erlaubnis von Ihnen ein Foto von Ihrem minderjährigen Kind verbreiten. Niemand darf Ihr Kind beleidigen. Niemand darf Ihrem Kind nachstellen. Machen Sie sich, Ihrem Kind und den Tätern klar, dass das Internet kein rechtsfreier Raum ist und Handeln IMMER Konsequenzen hat.

Fragen Sie sich ehrlich: Verbiete ich meinem Kind dieses Spiel oder den Zugang zu jenem sozialen Netzwerk, weil ich eine informierte, rationale Entscheidung getroffen habe? Oder basiert mein Verbot auf Hörensagen, Ängsten und Desinteresse? Ist Zweites der Fall, werden Sie mit Ihrer Entscheidung nicht glücklich werden. Vielleicht helfen Ihnen stattdessen die folgenden Tipps, um Ihre Kinder entspannter auf die „digitale Autobahn" zu lassen.

Wussten Sie, dass in Deutschland ein Mindestalter von 16 Jahren für Social-Media-Angebote gilt? Das legt die Datenschutz-Grundverordnung (DSGVO) fest. Nur mit Ihrer Erlaubnis dürfen Ihre Kinder ein eigenes Profil haben. Darüber hinaus schreiben Facebook, Instagram, TikTok und Youtube ein Mindestalter von 13 Jahren vor. Accounts von jüngeren Kindern werden, wenn sie auffallen, gesperrt.

Aber seien wir ehrlich: Für Kinder sind die sozialen Netzwerke die Welt, in der sie sich bewegen. Nur die wenigsten verzichten ganz darauf. Social Media ist heute das, was früher Plattenladen, Schulhofecke, *BRAVO*, Poesiealbum und Fernseher waren. Ohne Ladenschluss und Sendepause, in einem Gerät. Heute heißen die Instagram, TikTok oder WhatsApp (vergessen Sie Facebook, kein Kind ist heute mehr bei Facebook). Ein Kommentar unter einem Instagram-Post ist heute so was wie das durchgereichte Zettelchen in der Schule. Während Generationen vor meinen Töchtern durch Dr. Sommer über die Periode und Verhütung aufgeklärt wurden, machen das heute auf Instagram #periode oder @lustfaktor. Was früher die stundenlangen Telefonate in der Telefonecke waren, sind heute eben minutenlange Sprachnachrichten, die hin- und hergeschickt werden.

Verbieten Sie Ihrem Kind TikTok also bitte nicht. Das hat zwei Gründe. Erstens: Sogenannte Schattenprofile sind weit verbreitet unter Kindern, denen keine sozialen Netzwerke erlaubt sind. Ein Profil ist schnell angelegt und Kinder sind nicht doof. Sie wissen, wie sie das Profil vor ihren Eltern verstecken können. So wie wir früher vielleicht das Outfit für die Party bei einer Freundin gewechselt haben oder eine Übernachtung nicht da stattfand, wo sie offiziell sein sollte. Daraus ergibt sich der zweite Grund: Wenn Ihr Kind doch ein geheimes Profil hat und zum Beispiel merkwürdige Anmachen von fremden Männern bekommt, dann wird es einen Teufel tun, sich Hilfe bei seinen Eltern zu suchen. Die Angst vor der Bestrafung ist zu groß.

Ja, Kinder müssen lernen, dass ihr Handeln Konsequenzen hat. Das heißt, Sie müssen immer in der Lage sein, eine angedrohte Strafe auch wahr zu machen. Nichts ist für die Beziehung zum Kind so schlimm wie eine leere Drohung. Sie machen sich unglaubwürdig und irgendwann streckt Ihnen Ihr Kind den imaginären Mittelfinger entgegen. Wenn ich sage, ich nehme dem Kind das Telefon weg oder das Handy ist um 9 Uhr abends aus, dann muss ich das einhalten. Zumindest so lange, bis ich bereit bin, diese Regeln neu zu verhandeln.

Auch über die schwierigen Dinge sprechen

Was also tun? Kommunikation ist auch hier die Lösung. Ich habe mit meinen Töchtern immer wieder über ihre Social-Media-Kanäle geredet. Mir war gar nicht wichtig, jedes Foto zu kennen, das auf Instagram landet – eher im Gegenteil, ein bisschen Unwissen ist als Elternteil oft besser. Stattdessen habe ich immer versucht, ihnen beizubringen, wann sie zu mir kommen und sagen sollten: „Hey, ich brauche Hilfe." Und anstatt alles blöd zu finden, was Kinder auf Instagram oder TikTok tun, ist es gut, Interesse zu zeigen. Fragen Sie doch mal: „Was ist das hier? Was machst du da?" Denn wir können viel dabei lernen.

Ich kann verstehen, wenn Sie gerade denken: „Die Guttenberg hat leicht reden! Ihre Kinder sind schon erwachsen, die versteht unsere Probleme nicht." Es ist selbstverständlich nicht leicht, in dieser Zeit Kinder großzuziehen. Zwischen Stress in der Arbeit und pubertären Anfällen soll jetzt auch noch Zeit für eine Social-Media-Schulung sein? Das muss gar nicht sein. Vor Kurzem stand ich mit einer Bekannten, ungefähr in meinem Alter, und ihrer 13-jährigen Tochter in einer Warteschlange. Die Tochter steht – wie viele ihrer Altersgenossen – auf TikTok. Für die Mutter ist das ein Problem. Denn während wir zu dritt warteten, zwei mittelalte Frauen und ein junges Mädchen, meckerte die Mutter über die App: „Scheiß TikTok, was soll denn das?" Sie redete sich regelrecht in Rage, warf der Tochter vor, ihre gesamte Zeit dort zu verplempern. Das wollte ich so nicht stehen lassen und entgegnete vorsichtig: „Naja, es gibt auch schon ganz lustige und spannende Videos dort." Die Augen der Tochter wurden tellergroß. Eine Erwachsene, die auf einmal etwas Positives über TikTok sagt! Das war neu. Die Mutter, meine Bekannte, wirkte auf einmal verunsichert. Vielleicht hatte sie erwartet, ich würde in die Wutrede einstimmen, weil Eltern eben über Social Media schimpfen müssen. Ich fragte, ob sie TikTok denn überhaupt schon mal ausprobiert hätte. Als sie verneinte, schlug ich ihr vor, das Wasser zu testen, bevor sie über die Temperatur klagt. Zu meiner eigenen Überraschung nickte sie. „Meinst du wirklich?" Nur um dann hinzuzufügen: „Vielleicht hast du recht."

Was ich damit sagen will: Es ist leicht, etwas abzulehnen. Für die Kinder ist so ein Gespräch wahnsinnig frustrierend, denn sie nehmen zwei Botschaften von Ihnen daraus mit: „Ich habe keine Ahnung und ich interessiere mich nicht für das, was dir wichtig ist." Das können wir Eltern doch nicht wollen.

Statt Verbote auszusprechen und so schlussendlich ganz die Kontrolle zu verlieren, müssen wir unsere Kinder bestärken. Wir müssen ihnen ein positives Körperbild und ein starkes Selbstbewusstsein geben. Wer nicht sofort auf ein „Du bist so hübsch!" reagiert, weil er oder sie das gar nicht nötig hat, ist viel widerstandsfähiger gegen Cybergrooming. Geliebt zu sein und ein starkes Selbstbewusstsein helfen, sich gegen Mobber zur Wehr zu setzen und sich klar abzugrenzen. Und wenn Ihnen Ihr Kind vertraut, dann kommt es in unangenehmen und gefährlichen Situationen ganz von selbst zu Ihnen, um nach Hilfe zu fragen.

Besonders wenn es um kleine Kinder geht, reicht es oft schon, ihnen zu erklären, dass es gute und schlechte Geheimnisse gibt. Dass es okay ist, das Weihnachtsgeschenk zu verheimlichen, das es für Sie im Schrank versteckt. Aber nicht okay, wenn es lügt, weil es Angst hat, Ärger zu bekommen oder weil ihm etwas peinlich erscheint. Übrigens etwas, das Sie auch schon mit Kindern im Kindergartenalter machen sollten.

Reden Sie mit Ihrem Kind über die Gefahren im Internet. Erklären Sie, dass andere Menschen im Internet gefährlich sein können, auch dann, wenn sie nicht vor einem stehen – und zwar so neutral, wie Sie erklären, dass es im Straßenverkehr vorsichtig sein muss. Vor allem jüngere Kinder gehen oft mit verständlicher, aber unbedarfter Begeisterung an die sozialen Netzwerke heran. Wenn Kinder jedoch die Vorgehensweise von Tätern kennen, können erste Anzeichen sie leichter stutzig machen und den Kontakt abbrechen lassen. Ein „Wie geht es dir?" von einem unbekannten Account, der auch noch aussieht wie ein erwachsener Mann, landet dann schneller im digitalen Papierkorb als ein benutztes Taschentuch.

Als meine Töchter angefangen haben, häufiger im Internet zu surfen und auch eigene Social-Media-Kanäle zu nutzen, habe ich von ihnen eine Liste mit allen Accounts und den dazugehörigen Passwörtern bekommen. Ich habe ihnen damals versprochen, dass ich sie niemals ausspionieren werde und mich nur einloggen würde, wenn etwas sehr Schlimmes passieren sollte. Meine Töchter kannten das schon: Es war ein kleiner Handel. Vertrauen gegen Vertrauen. Die Liste liegt noch heute in meiner Schreibtischschublade, auch wenn ich mir ziemlich sicher bin, dass keines der Passwörter noch gültig ist. Für mich war die Möglichkeit beruhigend, in extremen Fällen nachforschen zu können, gleichzeitig bin ich natürlich dankbar, dass ich die Passwörter nie eintippen musste. Für mich gäbe es nur wenige Gründe, das auch zu tun. Ein unerklärliches Verschwinden zum Beispiel. Oder, wenn ich wirklich sicher gewesen wäre, dass meine Tochter sich komisch verhält. Dieses Vertrauen musste mir meine Tochter jedoch erst entgegenbringen. Wenn ich sie vorher immer wieder ausspioniert hätte, dann hätten sie mir die Passwörter sicher nicht gegeben, oder falsche, oder mir von dem Social-Media-Account gar nicht erst erzählt. Als ich mit meiner jüngeren Tochter vor Kurzem über diese Liste sprach, sagte sie mir, dass sie eine solche Liste sogar bis heute okay fände.

Es gibt eine Möglichkeit, mit der Sie als Eltern ruhiger schlafen können: Arbeiten Sie an den Profilen Ihrer Kinder. Bitten Sie Ihr Kind am besten, die Profile gemeinsam mit Ihnen zu bearbeiten. Dann können Sie auch gleich die Gelegenheit nutzen, mit ihm oder ihr über Gefahren zu sprechen. Das Profil sollte keinen Hinweis auf Namen, Alter und Wohnort preisgeben. *Selina2011* ist zum Beispiel eine schlechte Wahl für einen Profilnamen, auch wenn der Name praktisch erscheint, wenn ein Kind Selina heißt und 2011 geboren ist.

Es gibt zudem technische Hilfen, die Profile in den sozialen Netzwerken vor Fremden schützen: die Privatsphäre-Einstellungen. Dort gibt es die Möglichkeit, das Profil auf *Privat* zu stellen. Auf Instagram ist es dadurch beispielsweise nicht mehr möglich, die Fotos des Profils zu sehen, und Nachrichten von Fremden landen in einem speziellen Ordner und müssen erst zugelassen werden. Achtung: Die Profilbeschreibung ist auch bei privaten Profilen öffentlich und sollte deswegen keine relevanten Informationen beinhalten.

Ein privates Profil ist nicht nur Schutz vor Anmachen, sondern oft auch schlicht der Wunsch, nicht alles mit allen zu teilen. Die Fotos von der letzten Party oder dem Sommerurlaub gehen nicht alle etwas an. Deswegen haben meine Töchter und viele ihrer Freundinnen ihre eigenen Profile immer noch auf Privat gestellt. So können sie die Vorteile in den sozialen Netzwerken geschützter genießen, ohne sich ständig Gedanken machen zu müssen. Denn der Spaß kann enorm sein!

Erst letztens habe ich erleben müssen, wie stark TikTok unsere Welt verändert. Ich fuhr mit meiner Tochter im Auto und im Radio dudelte ein Popsong. Mir gefiel die Melodie, ein Gute-Laune-Song. Meine Tochter musste mich dann aufklären, dass das Lied ja schon uralt und bei TikTok ein großer Hit sei. Heute ist das nichts Ungewöhnliches mehr. Anstatt Radioredakteure zu begeistern, setzt die Musikindustrie heute auf Influencer, die ihre Songs bekannt machen sollen. Die müssen nämlich nicht überzeugt, sondern nur bezahlt werden. Einige Künstler schreiben sogar Songs, die sich direkt auf TikTok-Trends beziehen, in der Hoffnung, dass sie dadurch in der App viral gehen. Es ist nur ein Beispiel, aber durch die Digitalisierung hat das Internet immer stärkeren Einfluss auf unser Leben, auch wenn man selbst keine Social-Media-Profile hat. Ja, es ist oft merkwürdig, was Kinder und Jugendliche im Internet machen. Wenn Ihr Kind zum Beispiel auf die Idee für einen Frühstücksburrito kommt, „der superschnell gemacht ist" und den Kochvorgang auch noch filmen will, hat es vermutlich einen TikTok-Trend entdeckt. Ein anderes Beispiel: die Finger-Challenge. Das ist ein kurzes „Wie-gut-kennst-du-mich-Spiel". Sie strecken die Hand in die Kamera und im Video tauchen einfache Ja-Nein-Fragen auf. Vielleicht kennen Sie aus der materiellen Welt noch das Spiel „Ich habe noch nie ...". So ähnlich funktioniert der TikTok-Trend. Für jedes „Ja" müssen Sie einen Finger der ausgestreckten Hand senken, während Sie immer mehr Fragen gestellt bekommen. Das Ziel: sich selbst und andere kennenlernen, eine Mischung aus Darstellungsdrang und Schaulust.

Wenn Ihnen Ihr Kind tatsächlich TikTok zeigt, werden Sie viele (wirklich viele) Tänze sehen. Die meisten davon haben sogar eigene

Namen. Zu „Iko Iko" schwingt man die Knie wie wir damals zu „Coco Jamboo", wer „Talkin' Bout" nachtanzt, kann sich danach die Kniebeugen im Fitnessstudio sparen, und für „Stay" reicht es, mit dem Hintern im Takt zu wippen. Was diese drei Beispiele gemeinsam haben? Sie werden millionenfach nachgeahmt. Deswegen möchte auch Ihr Kind mitmachen und Teil von diesem Trend sein. Verschließen Sie sich nicht. Bei allen Gefahren: Ich sehe das Internet insgesamt als eine sehr schöne Welt an. Am Ende kann ein gemeinsamer TikTok-Tanz ja sogar Spaß machen.

4 / DEUTSCHE SCHULEN SIND SCHLECHTER DIGITALISIERT ALS JAPANISCHE ALTENHEIME. WIE KANN DAS SEIN? UND VOR ALLEM: WIE KÖNNEN WIR DAS ÄNDERN?

Wer in den letzten Jahren schulpflichtige Kinder hatte, musste einiges erleiden. Der Lehrermangel plagt Eltern schon lange, die maroden Schulen machen einen Besuch manchmal sogar zu einem Gesundheitsrisiko und zu allem Unglück kam dann auch noch die Coronakrise hinzu. Zwei Jahre On-Off-Beziehung zum Lehrer, keine Klassenfahrten, keine Schulaufführungen, immenser Stundenausfall und eine Strategie für Fernunterricht, der man nur die Note 6 geben kann. Es ist ein Wunder, dass nicht viel mehr Eltern auf die Barrikaden gegangen sind.

Der Totalausfall war eine Katastrophe mit Ansage. In deutschen Ministerien zählt ein Kind scheinbar weniger als das nächste Großbauprojekt. Gerade mal 4,2 Prozent unseres Bruttoinlandsproduktes geben wir für Bildung aus, unser Nachbar Dänemark – in vieler Hinsicht ein Vorbild – spendiert dem Bildungssystem dagegen 6,4 Prozent.

Wir verpassen gerade eine Chance und setzen damit unsere Zukunft aufs Spiel. Das mag nach Panikmache klingen, ist aber leicht zu erklären:

Als ressourcenarmes Land setzen wir schon sehr lange auf unseren Erfindergeist. Das Label „Made in Germany" ist weltweit ein Qualitätsmerkmal und beeinflusst den Alltag auch in den entferntesten Ecken. Wussten Sie zum Beispiel, dass Aspirin, Fanta, Klebeband, das MP3-Format, der Airbag und sogar der Kühlschrank deutsche Erfindungen sind? Selbst der Computer hat aus Deutschland seinen Siegeszug in die Welt angetreten.

Das lag auch am deutschen Schulsystem, in dem immer Wert auf Aufstiegschancen und Gleichberechtigung gelegt wurde. Jahrzehnte, wenn nicht sogar Jahrhunderte, lagen wir richtig damit. Darauf dürfen wir uns nicht ausruhen. Wir müssen das Schulsystem an die modernen Entwicklungen anpassen, sonst verlieren wir den Anschluss an Länder, die das bereits getan haben. Ich bin mir sicher, dass wir das hinkriegen. Denn die Lösungen und Tools liegen alle bereit, wir müssen sie nur anwenden.

Digitalisierter Unterricht ist verstaubten Lehrplanbüchern haushoch überlegen. Da gibt es nicht viel zu diskutieren. Viele Lehrer erleben das im Unterricht und die Forschung bestätigt diese Erfahrungen. Der „Monitor digitale Bildung" zeigt zum Beispiel, dass über 80 Prozent der Schüler dem Unterricht motivierter folgen, wenn ihre Lehrer digitale Medien im Unterricht benutzen. Aber die Schüler wollen auch selbst aktiv werden und aus Unterrichtsstoff Videos schneiden. Stattdessen langweilen wir sie mit starren Lehrplänen, die Lehrer geradezu zwingen, Schule nach Schema F zu gestalten. Ich weiß, dass viele Lehrer genauso wütend sind wie ich und gern mehr machen würden. Motivierte Lehrer, denen ihre Schüler leidtun, die aber oft am Kollegium, Schulleitungen, dem Lehrplan oder Behörden scheitern.

Es geht doch: Ein Bericht aus den USA

Dabei weiß ich, dass es besser geht. Ich habe das während meiner Zeit in den USA selbst erlebt. Kurz nachdem wir dort angekommen waren und meine Töchter ihre ersten Schultage absolviert hatten, ist mir klar geworden, dass von nun an einiges anders laufen wird. Schon der Schulranzen musste anders gepackt werden. Statt die Kinderrücken mit kiloschweren Büchern zu belasten, waren Laptops Pflicht – und wurden sinnvoll in den Unterricht eingebunden. Ich war beeindruckt.

Von Anfang an war der Lehrplan darauf ausgerichtet, die Schüler auf eine moderne, digitalisierte Welt vorzubereiten. Das hat sich nicht nur auf die MINT-Fächer – also die naturwissenschaftlichen Fächer – beschränkt. Auch die Englisch-, Geschichts- und Politiklehrer meiner Töchter wussten die Stärken von Unterricht mit digitalen Materialien zu nutzen. Mit interaktiver Software haben sie die Besiedelung des amerikanischen Kontinents nacherlebt und so viel besser verinnerlichen können.

Es gab keinen einzigen Tag, an dem ein Lehrer vor der Klasse stand und 90 Minuten lang einen Monolog gehalten hat. Das wirkt bis heute. Was meine Töchter im Mathe- und Physikunterricht gelernt haben, bringt ihnen heute an der Universität viele Vorteile: Weil sie schon in der Mittelstufe das Programm Excel in vielen Aufgaben benutzen mussten, fliegen ihre Finger heute über die Tastatur, wenn es darum geht, Spalten zu sortieren, Daten zu filtern oder Berechnungen durchzuführen. Manchmal zeige ich ihnen meine eigenen Excel-Tabellen und sie sagen: „Mami, das geht doch viel einfacher und schneller." Ein paar Klicks und Tastenkombinationen später ist meine Tabelle auf einmal viel strukturierter, funktioniert fast automatisch und spart mir Stunden mühseliger Kleinarbeit.

Zwischendurch waren meine Töchter in den USA auch auf einer Onlineschule. Wenn Sie jetzt zusammenzucken und an die letzten zwei Jahre denken, kann ich Sie beruhigen. Der Unterricht dort hatte nichts gemeinsam mit dem, was viele Eltern und Sie vielleicht auch erlebt haben. Er war motivierend, lehrreich und pädagogisch wertvoll. Kein Lehrer wäre auf die Idee gekommen, einfach nur Arbeitsblätter zu verschicken, die Kinder offline daran arbeiten zu lassen und zu fragen:

„Philipp, was hast du denn bei der Aufgabe 3a für eine Lösung gefunden?" Stattdessen lief der Unterricht nach dem „Flipped Classroom"-Prinzip ab. Der Lehrer hat das Thema der nächsten Stunde vorgegeben, verschiedene Quellen und Schwerpunkte vorgeschlagen und meine Töchter in das Selbststudium entlassen. Er hat ihren Entdeckertrieb entfacht und ihnen die Möglichkeit gegeben, mit den Materialien zu arbeiten, die ihnen am besten gefallen haben. Mal war das ein Youtube-Video, mal eine App und ab und zu sicher auch das Schulbuch. Erst danach hat der Lehrer die Arbeit kontrolliert und in der Klasse gemeinsam besprochen. Für meine Töchter war das super. Sie konnten nach eigenem Tempo und Interesse forschen und mussten keine ellenlangen Vorträge ertragen, deren Inhalt auf einem schlecht kopierten Arbeitsblatt abgefragt wurde. Kurz: Meine Töchter hatten Spaß und haben auch noch etwas gelernt!

Natürlich war und ist auch in den USA das Schulsystem nicht perfekt. Auch dort haben viele Schulen Finanzierungsprobleme, vor allem in den ärmeren Bezirken fehlt es den Schulen genauso an Material und Lehrern wie hier. Meine Töchter hatten sicherlich das große Privileg, auf gut finanzierte Schulen zu gehen. Etwas, das ich mir für alle Kinder wünsche! Deswegen finde ich, dass wir ruhig mal über den Atlantik schielen und überlegen sollten, welche Erfahrungen wir von dort nutzen wollen.

Deutsche Schulen: Bedingt lehrbereit

Ich begleite die Mitarbeiter von BG3000 regelmäßig an deutsche Schulen, an denen sie Vorträge halten und mit den Kindern verschiedene Workshops veranstalten. Was ich dort erlebe, erschreckt mich jedes Mal aufs Neue. Nicht nur, dass die Schulen fast so aussehen wie zu meiner Zeit. Oder dass es in den Gebäuden von den Decken tropft und die Fenster so undicht sind wie uralte Bauernscheunen. Auch technisch sind die Schulen auf dem entsprechenden Niveau. Sie denken, ich übertreibe? Regelmäßig bringen wir das Internet erst zur Schule mit und spannen ein WLAN im Gebäude auf, um unsere Workshops überhaupt halten zu können. Es ist ein Trauerspiel. Die Tische mögen etwas moderner sein und in manchen Klassenräumen hängt sogar ein sogenanntes „Smartboard", mit dem interaktiver und digitalgestützter Unterricht möglich wäre. Das Problem: Kaum ein Lehrer reizt die Technik aus. Für viele ist und bleibt ein Gerät aus der Schul-Steinzeit unersetzlich: der Overheadprojektor. In drei von vier Klassen stehen Lehrer immer noch vor der Glasplatte und malen mit Markern auf ausgeblichenen Folien herum. Ich denke mir diese Zahl nicht aus. Sie stammt aus einer Umfrage des Digitalverbands Bitkom. Demnach setzen 78 Prozent der Lehrkräfte das Uralt-Teil – übrigens auch eine deutsche Erfindung – an allen Unterrichtstagen, regelmäßig oder zumindest in Ausnahmefällen ein. Wenn Politiker seit Jahren das „Ende der Kreidezeit" fordern, dann hoffe ich wirklich nicht, dass sie damit den Umstieg auf den Overheadprojektor meinen.

Die Coronakrise hat unser Bildungsproblem nicht verstärkt, sie hat es nur schonungslos offengelegt. 80 Prozent der Lehrer fehlt die notwendige Technik oder sie kämpfen mit Technikproblemen. Wenn ich mit Lehrern gesprochen habe, war es fast immer der private Computer, mit dem sie den Unterricht vorbereitet haben. Die meisten Kinder machen ihre Aufgaben – trotz digitalen Unterrichts – immer noch auf Papier. Die Folgen sind dramatisch. Lernrückstände, Motivations- und Konzentrationsmangel und unruhige Kinder: Alles ist in den zwei Jahren während der Pandemie gestiegen, so zeigt es eine Studie der Robert-Bosch-Stiftung in Kooperation mit der Wochenzeitschrift *DIE ZEIT*. Gerade mal jede siebte Schule hat seit der Pandemie mehr Unterstützungsangebote durch schulische Sozialarbeit oder Mentoren eingeführt. Und das, obwohl für zwei von drei Lehrern die Belastung in der Coronakrise höher war als vorher.

Den Eltern erging es nicht anders. Sie waren diejenigen, die den Großteil der Betreuung aufgefangen haben, bei Fragen zu Hausaufgaben bereitstanden – meist ohne weiterführende Informationen und Unterstützung aus den Schulen. Viele Eltern mussten neben ihrer regulären Arbeit (sei es im Homeoffice oder noch im Büro) und dem normalen Alltag auf einmal die Schulbildung ihrer Kinder mitorganisieren. Ein Unding!

Deswegen war und ist es vollkommen verständlich, wenn viele Eltern möglichst schnell wieder zur Normalität zurückwollen. Aber wollen wir wirklich zurück in die Schulen, die vor zwei Jahren Normalität waren?

Als eines Tages im Frühjahr 2022 ein gefährlicher Sturm über NRW fegt, müssen viele Schulen aus Sicherheitsgründen geschlossen werden. Ich finde das richtig und kenne so etwas auch aus den USA, die viel häufiger mit Wetterextremen wie Blizzards oder Wirbelstürmen zu kämpfen haben. An diesem Tag telefoniere ich jedoch zufällig mit einer Freundin. Sie erzählt mir, dass sie heute mal wieder nicht zum Arbeiten kommen würde. Der Grund: Anstatt vom Präsenzunterricht wieder auf Online-Unterricht zu schalten, verzichten die NRW-Schulen komplett auf Unterricht. Als ich nachfrage, warum, antwortet sie: „Na, weil die Lehrer sich auf den Online-Unterricht erst vorbereiten müssten. Und dafür hatten sie angeblich keine Zeit." Mich hat das nicht nur sprachlos, sondern auch wütend zurückgelassen. Was haben wir bitte aus zwei Jahren Pandemie gelernt und warum haben wir keinen Werkzeugkasten für solche Situationen entwickelt? Es wäre ein Leichtes gewesen, die Kinder an jenem Tag in NRW digital zu unterrichten.

Dass selbst die größten Katastrophen nicht unbedingt zu Schulausfall führen müssen, machen uns gerade ukrainische Lehrer vor. Während in vielen Gebieten des Landes Kämpfe tobten und zahlreiche Kinder in Schutzräumen ausharren mussten oder in andere Länder geflüchtet waren, schafften es einige Schulen, digitalen Unterricht zu organisieren. Die Lehrer konnten sich auf das digitalisierte ukrainische Schulsystem verlassen. Mit Video-Tutorials, digitalem Arbeitsmaterial für 18 Schulfächer und einer Datenbank gefüllt mit 1.200 Schulbüchern verlegten die Lehrer den Unterricht vor den Laptop. Und so saßen Klassen über halb Europa verstreut gemeinsam im Matheunterricht.

Um auch nur annähernd dieses Niveau zu erreichen, müssten deutsche Schulen sich jedoch radikal ändern und besonders in drei Bereichen weitreichende Reformen durchführen: die digitale Ausstattung der Schulen verbessern, die Lehrerausbildung neu ordnen und den Lehrplan revolutionieren.

Gerade mal die Hälfte der Schulen in Deutschland ist digital ausreichend ausgestattet. Zum Vergleich: In Estland sind es 99 Prozent. Als ich weiter oben erzählt habe, dass wir mit BG3000 das Internet mit an die Schulen bringen, war das kein Witz. Nur an einem Viertel aller Schulen haben sowohl Lehrer als auch Schüler Zugriff auf ein WLAN. In weniger als der Hälfte gibt es überhaupt ein kabelloses Netzwerk. Die Zahlen sind eine Bankrotterklärung für den digitalen Unterricht in Deutschland. Tablets und Laptops sind ohne Internetzugang eher Plastik-Kästen als Hochleistungsgeräte. Probieren Sie es mal aus. Gefühlt die Hälfte der Apps auf Ihrem Smartphone funktionieren nur eingeschränkt oder machen ohne Internet nur halb so viel Spaß. Manchmal wirkt es, als ob unsere Schulen schlechter digitalisiert sind als japanische Altenheime, wo ein Roboter nachts nach den Bewohnern schaut, ein Sensor eingesetzt wird, der Stürze erkennt, und ein weiterer Sensor, der die Pfleger ruft, wenn die Bewohner auf der Toilette Unterstützung brauchen.

Gerade mit Tablets lässt sich der Schulalltag aber sinnvoll ergänzen. Es braucht nur die Ausstattung – und zwar für jeden Schüler und Lehrer. Idealerweise haben die Schüler ein eigenes Gerät, mit dem sie sich auskennen und auf das Anfang des Jahres notwendige Schulsoftware installiert wird.

Oder alle Schüler bekommen ein schuleigenes Gerät, das sie auch zu Hause bei den Hausaufgaben benutzen können. Oder es gibt feste Klassensätze, die die Lehrer zu Beginn der Stunde austeilen – sozusagen der Fernsehwagen des 21. Jahrhunderts.

Ich gebe zu: Je mehr technische Geräte Teil des Unterrichts werden, desto mehr müssen sich die Schulen auch um die Instandhaltung kümmern. Wer einmal einem Kind ein Tablet in die Hand gedrückt hat, weiß, dass Kinder nicht unbedingt pfleglich damit umgehen. Die Geräte fallen auf den Boden oder die Kinder pfeffern sie bei Schulschluss einfach in den Schulranzen. Gleichzeitig sind es immer noch technische Geräte, die auch mal ausfallen, die up to date gehalten werden müssen, allein schon, um deren IT-Sicherheit zu gewährleisten. Nun hat leider kaum eine Schule dafür die Mittel. Wenn eine Schule in Deutschland einen Administrator als „Digital-Hausmeister" hat, der sich um die Geräte und das schuleigene WLAN kümmert, kann man von einem Lottogewinn sprechen. Meistens übernimmt diese Aufgabe ein Informatiklehrer, der dafür neben seinem eigentlichen Job kaum Zeit hat. Logisch, dass die Technik oft streikt oder veraltet ist und kaum ein Lehrer Lust hat, sie einzusetzen – wenn sie überhaupt wissen, was sie damit anstellen sollen.

Denn die digitale Ausbildung der Lehrer ist – so deutlich muss ich es sagen – grottenschlecht. Wer heute Lehrer wird, hat im Studium kaum mit digitaler Technik zu tun, selbst wenn Studenten in den Vorlesungen mit Laptops oder Tablets sitzen. In 11 von 16 Bundesländern gibt es schlicht keine verpflichtenden Module, in denen angehende Lehrer den sinnvollen Einsatz von digitaler Technik lernen können. Das Lehramtsstudium ist beim Einsatz digitaler Lernmedien Schlusslicht an den Universitäten. Kein Wunder, dass gerade mal vier Prozent der Achtklässler täglich digitale Medien im Unterricht benutzen, während es in Dänemark über 90 Prozent sind, wo über die Hälfte der Lehrer zumindest eine Digital-Fortbildung gemacht haben. Ich muss die (angehenden) Lehrer hier auch in Schutz nehmen. Fast alle Lehrkräfte unter 30 Jahren halten den Einsatz von digitaler Technik im Unterricht für wichtig und versuchen es auch so gut es geht. Vielleicht hat Ihr Kind selbst einen Lehrer, der dabei ein Vorbild ist. Aber ohne die notwendige Ausbildung endet der improvisierte Einsatz in vielen Fällen im Frust – für Lehrer wie Schüler.

Digital nativ, aber irgendwie auch naiv

Fast immer, wenn es um Digitalisierung geht, fällt auch früher oder später das Wort „Medienkompetenz". Meistens geht es darum, dass Kinder und Jugendliche keine Ahnung von dem hätten, womit sie sich tagtäglich beschäftigen. Kaum einer verkneift sich, zu warnen, dass Kinder ihren Influencern blind glauben. Wie die Lemminge würden sie in die Drogerie rennen, nur um das neue Duschgel zu kaufen, das sie gerade in der Instagram-Story gesehen haben. Solche Menschen verbinden ihre Warnung oft mit einer Verbotsforderung: Kinder raus aus den sozialen Medien! Ich kann bei so was nur den Kopf schütteln. Es ist vollkommen richtig und wichtig, dass wir Kindern beibringen müssen, was im Internet Werbung ist, was Fake News sind und wie Hass im Internet verbreitet wird. Denn es ist ein Trugschluss, zu erwarten, ein Tablet im Unterricht würde Schüler auf einmal zu Digitalexperten machen. Leider sehen viele Bildungsministerien das nicht so und schieben die Medienkompetenzbildung so nah an den Rand, dass sie in vielen Klassen ganz wegfällt. Fest steht: Die meisten Lehrer hinken nach zwei Jahren Pandemie meilenweit dem Lehrplan hinterher.

Wobei das auch nur die halbe Wahrheit ist, die ganze ist viel erschreckender. Wenn wir mit BG3000 an den Schulen waren, befragten wir die Lehrer auch vorher immer über den Wissensstand der Schüler. Wir wollen denen ja nichts beibringen, was sie sowieso schon wissen. Aber ehrlich gesagt könnten wir uns die Vorbefragungen auch sparen, weil wir in fast allen Fällen bei null anfangen müssen. Die meisten Kinder haben wenig Ahnung von den Geräten, die sie jeden Tag benutzen. Das zeigt sich schon in den Experimenten, die wir vorführen.

In einem Experiment zeigen wir den Schülern zum Beispiel, was ein Hacker mit einem Foto eines Boardingpasses auf Instagram alles machen kann. Die Kinder sind dann immer erschreckt, wie leicht wir Namen, Adressen und Reisemeilen nur über einen Barcode herausfinden können.

Es ist nicht so, dass die Kinder und Jugendlichen kein Interesse hätten. Besonders, wenn es um Medienrecht geht, ist die Unsicherheit, aber auch die Wissbegierde enorm. Für die Schüler sind unsere Workshops immer die Gelegenheit, ihre Fragen loszuwerden, die sie sonst googeln würden: „Was darf ich ins Netz stellen? Darf ich Fotos aus dem Internet für Instagram benutzen? Was kann ich downloaden? Ist Streaming illegal?" Alles Dinge, die sie in ihrem Alltag immer wieder beschäftigen, aber sonst niemand beantwortet. Nicht umsonst haben Social-Media-Accounts von Anwälten Hochkonjunktur: Auf TikTok hat der Account @herranwalt über fünf Millionen Follower und auf Youtube veröffentlicht der Anwalt Christian Solmecke Videos, die Titel wie „WhatsApp-Status: Dieser Inhalt kostet 750 Euro" haben. Ich finde: So lebensnah müsste Unterricht eigentlich sein!

Sie können mir glauben: Ich würde mich freuen, wenn wir BG3000 schließen könnten, weil unsere Aufgabe überflüssig geworden ist. Dann hätten wir nämlich genau das erreicht, was wir wollten. Leider sind die meisten Schulen noch weit davon entfernt, auch wenn es einige wenige Leuchttürme gibt. Ich kenne viele Eltern, die ihre Kinder auf solche Schulen schicken wollen und dabei sogar lange Schulwege in Kauf nehmen. Ich kann das verstehen, denn wer einmal erlebt hat, wie euphorisch Kinder auf gut gemachten Unterricht reagieren, wie viel Kreativität und Freude sie beim Tüfteln mit Robotern oder Kameras erleben, der möchte das auch für sein eigenes Kind. Es gibt nur ein Problem: Die meisten dieser Schulen sind Privatschulen und verlangen ein ansehnliches Schulgeld. Das ist nichts anderes als eine Blamage für unser Schulsystem und widerspricht fundamental den Werten unserer Gesellschaft. Wenn wir unsere öffentlichen Schulen nicht endlich auf den Stand von heute bringen, wird die Benachteiligung sozial schwächerer Gesellschaftsschichten steigen und der Graben zwischen Arm und Reich tiefer werden. Viel tiefer. Die Eltern, die es sich leisten können, werden ihre Kinder auf moderne, aber eben private Schulen schicken. Der Rest wird auf der Strecke bleiben und sich in einem maroden Schulsystem einrichten müssen.

Deshalb: Wir müssen jetzt handeln.

4 | DEUTSCHE SCHULEN SIND SCHLECHTER DIGITALISIERT

Das muss sich ändern: Zehn Forderungen für unsere Schulen

Ich möchte in diesem Buch nicht nur meckern. Ich weiß, dass Veränderung Zeit braucht und dass sie enorm viel Unsicherheit in den Behörden und bei Eltern hervorruft. Aber Veränderung ist notwendig. Deswegen habe ich zehn Forderungen, um unsere Schulen endlich fit für die Zukunft zu machen.

1. **WLAN an allen Schulen und Endgeräte für alle Schüler**
   Solange die Schulen so schlecht ausgerüstet sind, dass ein Unterricht mit digitalen Methoden gar nicht möglich ist, können wir nicht von Digitalisierung an Schulen sprechen. Deswegen müssen wir als Allererstes dafür sorgen, dass alle Schulen schnelles WLAN und die Schüler entsprechende Endgeräte bekommen. Experten sind sich zwar noch uneinig, ob Laptops, Tablets oder sogenannte Convertibles (also Geräte, die beides sind) besser geeignet sind. Wir könnten ja die Schulen selbst fragen, welche Geräte sie bei sich sehen. Aber Hauptsache ist, wir geben unseren Kindern die Möglichkeiten, die sie verdienen! Wer jetzt Angst bekommt, dass das Schul-WLAN die Kinder in den Pausen zu Smartphone-Zombies mutieren lässt, der war wohl schon länger nicht mehr auf einem Pausenhof. Da herrscht trotz Smartphone und mobilen Daten ein genauso großes Durcheinander, wie in den vermeintlich guten alten Zeiten. Kinder sind eben auch immer noch Kinder.

2. **Jede Schule braucht einen Digitalbeauftragten**
   Ich weiß, Fachleute zu finden ist schwierig geworden. Administratoren sind teuer und gehen lieber in die freie Wirtschaft, als sich in verschnarchten Behörden oder baufälligen Schulen die Zähne an Digitalverweigerern auszubeißen. Hier beißt sich auch die Katze in den Schwanz: Solange wir im Digitalen weit hinter unseren Möglichkeiten bleiben, gibt es kaum Menschen, die sich dafür interessieren oder einsetzen. Und desto weniger Fachleute bilden

wir aus. Ohne fest angestellte Administratoren oder IT-Techniker und Datenschutzbeauftragte kann die Digitalisierung von Schulen aber nicht funktionieren. Schulen und Schulbehörden müssen attraktivere Arbeitgeber werden, vernünftige Löhne zahlen und, wie es in der IT oft der Fall ist, flexibler mit Abschlüssen und Zertifikaten umgehen.

3. **Überarbeitung aller Lehrpläne**
Die Niederlande machen es uns vor. Dort werden aktuell alle Lehrpläne reformiert. Technologie wird dort in Zukunft eines der Kernthemen, das in jedem Fach behandelt wird. Digitale Fähigkeiten sind Kernkompetenzen, die jeder Lehrer vermitteln soll. Bei Aufgaben müssen Schüler auch oft digitale Lösungen für analoge Probleme finden. Ich finde das großartig, denn es spiegelt die Welt wider, in der wir leben. Es ist ja nicht so, als ob es noch irgendwelche Berufe geben würde, die komplett ohne digitale Technik auskommen. Deswegen stört mich auch die ständig wiederholte Forderung nach mehr Informatikunterricht. Ja, wir brauchen mehr Informatik in der Schule. Die Digitalisierung in ein einzelnes Schulfach zu schieben, was in den meisten Bundesländern nicht mal verpflichtend ist, löst kein einziges unserer Probleme. Stattdessen sollten wir Digitalisierung überall mitdenken: Im Deutschunterricht einen Podcast zu Goethes Faust konzipieren, im Kunstunterricht digitale Fotobearbeitung (und die Auswirkungen davon) analysieren und im Sportunterricht persönliche Leistungsprofile erstellen. So sieht der Unterricht der Zukunft aus!

4. **Mehr Medienkompetenz für Schüler (und Lehrer!)**
Es ist ein Unding, dass sich Kinder und Jugendliche den Umgang mit dem Internet selbst beibringen müssen. Medienkompetenz gehört in den Unterricht – am besten in jedes Schulfach. Ich rede nicht davon, dass der Sportlehrer über Urheberrecht referiert, aber

wie wäre es, wenn er mit den Schülern über gefährlichen Magerwahn auf Instagram spricht? Im Physikunterricht könnte es mithilfe von lustigen und einprägsamen Youtube-Videos um das Thema Schwerkraft gehen und im Matheunterricht um Methoden, wie man irreführende Statistiken entlarvt. Zumindest müsste es viel mehr Projekte und Unterrichtseinheiten geben, die bei den Kindern ein grundsätzliches Bewusstsein im Umgang mit digitaler Technik schaffen. Davon würden die Lehrkräfte übrigens ebenso profitieren. Die sind nämlich auch nicht gefeit vor Desinformationen, Betrugsmaschen oder Suchtgefahren im Netz. Sie könnten im Austausch mit der jüngeren Schülergeneration auch eigene Denkmuster infrage stellen.

5. Lehrerausbildung reformieren

Wir können unser Bildungssystem mit Milliarden Euro füttern, wir könnten die Wände der Schulklassen mit Tablets tapezieren – solange das Lehramtsstudium nicht reformiert wird, werden künftige Lehrer ihren Unterricht nicht digitaler gestalten als heute. Denn natürlich gilt auch im Digitalen: Schlecht ausgebildete Lehrer machen schlechten Unterricht. Und solange Lehrer nicht darin ausgebildet werden, digitale Inhalte pädagogisch sinnvoll in den Unterricht einzubinden, bleibt guter digitaler Unterricht auf der Strecke. Ein Smartboard ist nur dann „smart", wenn es auch so eingesetzt wird und nicht nur als digitale Tafel dient. Es gibt Bildungsprogramme, mit denen Lehrer beispielsweise aus einem Wissenstest eine Art „Wer wird Millionär?"-Folge für die gesamte Klasse auf dem Tablet machen können. Mit Telefonjoker, Publikumsfrage und allem, was dazugehört. Somit kann Unterricht auf dem Tablet gleichsam unterhaltender, spannender, aber auch einprägsamer werden. Das müssen Lehrer jedoch lernen – am besten schon im Studium. Es braucht Konzepte im Studium, die den Studenten praxisnah zeigen, wie sie die Technik im Unterricht einsetzen können. Für die älteren Lehrer muss es verpflichtende Fortbildungen geben. Ein Blick nach Estland: 80 Prozent der Lehrer haben zwischen 2016 und 2020 eine Digital-Fortbildung abgeschlossen.

6. **Flexible Prüfungsmöglichkeiten etablieren**
Das Tolle an digitaler Technik ist, dass sie flexibel und individuell anpassbar ist. Mit Prüfungen, die an die Fähigkeiten und Bedürfnisse der Schüler angepasst werden, können Lehrer ihre Schüler individueller und viel zielgerichteter fördern. Für mich sind handgeschriebene Deutschaufsätze, in denen nur abgefragt wird, was Lehrer hören wollen, ein Relikt aus meiner Schulzeit. Verstehen Sie mich nicht falsch: Einen strukturierten Text zu schreiben ist immer noch wichtig. Wie wäre es deswegen, nicht alle, aber bestimmte Prüfungen als Projekte anzusehen? Das habe ich von meinen Töchtern gelernt, die so ihre Prüfungen in den USA geschrieben haben. Die Lehrer haben ihnen auch dort die Aufgaben mitgegeben, die sie selbstständig bearbeiten mussten. So weit, so gewohnt. Nach der Kontrolle hatten meine Töchter aber die Möglichkeit, in einer Schüler-Kleingruppe ihre Aufgaben zu verbessern. So haben sie viel besser ihre Schwächen kennengelernt und eine schlecht gelaufene Prüfung nicht einfach „abgehakt", sondern sich noch mal mit dem Stoff beschäftigt und dabei auch noch etwas über Feedback und Zusammenarbeit mit anderen gelernt. Thumbs up!

7. **Medienkonzepte entwickeln, die bundesweit gelten**
In einigen Schulen gibt es heute schon Medienkonzepte. Die sind aber so alt wie die EDV-Räume und brauchen ein grundsätzliches Update. Warum muss jede Schule ein eigenes Medienkonzept entwickeln, wenn solche Konzepte auch aus den Bildungsministerien kommen können? Warum braucht es sogar Start-ups wie Eduneon, auf das ich kürzlich gestoßen bin, die Schulen und Schul-

trägern bei der Erstellung solcher Konzepte helfen? Klar, jede Schule hat andere Bedürfnisse, Voraussetzungen und Interessen. In manchen Schulen gibt es große Computerräume, in anderen herrschen sehr strenge Regeln, was den Umgang mit dem eigenen Smartphone betrifft, und in anderen legt das Kollegium besonders viel Wert auf fächerübergreifende Projekte. Deswegen müssen sich Schulen sehr genau überlegen: „Was wollen wir erreichen? Was müssen wir dafür tun? Wer macht was? Was haben wir aktuell an Ausstattung und Personal, um unser Ziel zu erreichen?" Es geht schlicht darum, das passende Konzept für die eigene Schule zu finden – und dafür brauchen unsere Schulen eine klare Anleitung: entweder aus dem Ministerium, das ihnen gleichzeitig den Freiraum lässt, individuelle Medienkonzepte auszuarbeiten, oder von Start-ups wie Eduneon.

8. **Zusammenarbeit von Schulen und Firmen stärken**
Zwar reden wir immer davon, dass wir „fürs Leben lernen und nicht für die Schule". Der Satz stimmt nur halb, denn wir lernen natürlich unter anderem auch für unseren künftigen Beruf oder künftige Arbeitgeber. Um Missverständnissen vorzubeugen: Es geht mir nicht darum, dass Firmen wie BMW, Google oder Apple demnächst Stände an unseren Schulen aufbauen und dabei Werbung für ihre Produkte machen. Ich bin der festen Überzeugung, dass beide Seiten von einer Zusammenarbeit profitieren können. Nicht nur, aber gerade im naturwissenschaftlichen Bereich liegt das Know-how meist bei Firmen, die nicht nur spröde Vorträge über chemische Zusammensetzungen halten können, sondern ihr Produkt – zum Beispiel – auch handfest im Baugewerbe, in der Autoindustrie oder im Weltraum anwenden. Gleichzeitig gehen Kinder so kreativ und unbekümmert mit digitaler Technik um, dass innerhalb dieses Austauschs oft etwas Neues oder Produktives für die Firmen entstehen kann. Was im universitären Umfeld

mittlerweile täglich Praxis ist, nämlich die Übernahme von studentischen Projekten, könnte auch schon in der Schule angeleiert werden. Es ist schließlich nie zu früh, um sich im digitalen Zeitalter ein analoges Netzwerk aufzubauen.

9. **Das föderale Prinzip gehört der Vergangenheit an, das Zuständigkeitswirrwarr muss aufgelöst werden!**
Es ist das Mantra der deutschen Schulpolitik: „Bildung ist Ländersache!" Es gibt sogar ein sogenanntes Kooperationsverbot zwischen Bund und Ländern. Manche Bundesländer verteidigen ihr vermeintlich besonders anspruchsvolles Abitur eifersüchtiger als ein Dobermann den Garten vor dem Briefträger. Gleichzeitig fordern sie immer wieder mehr Geld, auch vom Bund. Dafür gab es sogar eine Grundgesetzänderung, um mit dem „Digitalpakt" wenigstens etwas Geld in die Kassen zu spülen. Aber die Erfahrung zeigt: Das reicht nicht aus. Wir müssen bundesweite digitale Standards setzen, wir brauchen zentrale Verantwortlichkeiten und Anlaufstellen. Besonders die digitale Ausstattung und dazugehörige Ausbildung müssen zentral geregelt werden. Und wenn wir gerade dabei sind, können wir auch gleich die 16 Bildungsministerien in den Ländern dichtmachen und die aktuell fast überflüssige Bildungsministerin der Bundesregierung endlich mit mehr Kompetenz ausstatten.

10. **Bindet die Eltern ein!**
Wir Eltern haben ein großes Interesse, unseren Kindern die bestmögliche Ausbildung zu ermöglichen. Warum dürfen wir dann aber nur an Elternsprechtagen daran teilhaben? Digitale Kommunikation und geeignete Plattformen bringen nicht nur den Eltern etwas, sie binden Familien auch enger an Schulen und motivieren vielleicht manche Väter und Mütter dazu, sich stärker mit dem eigenen Kind zu beschäftigen oder sich mehr in der Schule zu engagieren. Nicht jedem Lehrer wird das gefallen. Aber in einer

Zeit, in der sich Kommunikation so grundsätzlich gewandelt und vereinfacht hat, müssen wir über Methoden sprechen, wie das Schulleben unserer Kinder keine Einbahnstraße bleibt. So wie der Frontalunterricht der Vergangenheit angehört, muss sich auch der Austausch unter Lehrern, Schülern und Eltern ändern. Dass sich manche Lehrer selbst während der Pandemie geweigert haben, per E-Mail zu kommunizieren, grenzt meiner Ansicht nach schon fast an Arbeitsverweigerung. Wie wäre es also mit einem stärker integrierten Elternforum, einem digitalen Sprechzeiten- oder Vertretungsplan oder zumindest einer offiziellen Chatgruppe, wo sich auch Eltern und Lehrer zu abgesprochenen Zeiten untereinander austauschen können?

Ein Tag in der digitalisierten Schule: Eine Vision

Ich habe die große Hoffnung, dass meine Enkelkinder in Deutschland eine vollends digitalisierte Schule besuchen dürfen. Eine Schule, in der sie neben den technischen Voraussetzungen auch auf Lehrer treffen, die sie auf ihre digitale Zukunft vorbereiten. Manchmal male ich mir das aus, wie so ein Schulalltag aussehen könnte. Dann fällt mir ein: Vieles von dem, was ich mir vorstelle, ist technisch jetzt schon problemlos möglich – und wird in einigen Ländern auch schon gemacht. In Deutschland ist das zwar noch eine Vision. Aber auf diese möchte ich Sie mitnehmen, denn so ein Tag in der digitalisierten Schule kann auch motivierend wirken, die eigene Haltung zur Digitalisierung zu überdenken.

7:50 Uhr: Die Schulglocke klingelt zum ersten Mal und die hellen Gänge des Schulgebäudes bevölkern sich mit Kindern, die halbwegs zielstrebig zu ihren Klassenräumen laufen. So weit, so gewöhnlich. Der Unterschied: Schon beim Frühstück haben alle Kinder einen individuellen Tagesplan per Pushnachricht auf ihre Schul-Tablets gesendet bekommen. Darin stehen Raumverlegungen, ob es Stundenausfall gibt, und in welchen Fächern heute Vertretungsunterricht stattfindet. Es gibt kein morgendliches Gedränge vor einem ausgedruckten Vertretungsplan. Schüler müssen nicht mehr unbeaufsichtigt vor einem abgeschlossenen Raum warten, um nach 20 Minuten von einem gestressten Vertretungslehrer in einen anderen Raum gelotst zu werden.

8:00 Uhr: Im Klassenraum hängt seit der Digitalisierungsreform neben dem Smartboard auch ein zweiter Bildschirm. Mit ihm ist es möglich, Schüler auch aus der Ferne in die Klasse zu holen und eine Mischung aus Präsenz- und Fernunterricht anzubieten. Zurzeit schaltet sich morgens immer Jasper von zu Hause dazu, wo er sein gebrochenes Bein auskuriert. Die Stunde beginnt und die Lehrerin, nennen wir sie mal Frau Hofman, begrüßt ihre Klasse. Sie sagt: „Guten Morgen auch an Jasper." Eine Kamera am anderen Ende des Raumes nimmt Frau Hofman auf. Dadurch sieht Jasper dasselbe Bild wie die Schüler im Klassenraum. Frau Hofman verkündet das Thema der Stunde: Osmose. Aus einer Ecke kommt ein genervtes Stöhnen, denn manche Dinge ändern sich nie.

8:10 Uhr: Die Grundlagen der Osmose erklärt Frau Hofman mithilfe des Smartboards. Eine kurze Präsentation, in der Frau Hofman mit Bildern, Videos und animierten Grafiken zeigt, warum eine Kirsche platzt, wenn sie zu lange in Wasser liegt. Am Ende des Vortrages schickt Frau Hofman mit einem kurzen Wisch über ihr eigenes Tablet die Aufgaben für die Gruppenarbeit an die Tablets der Schüler. Jetzt geht es in die Gruppenarbeit, bei der die Schüler in Kleingruppen selbstständig Experimente erarbeiten. Mit spezieller Lernsoftware können sie spielend leicht verschiedene Zellkörper simulieren und visualisieren. Sie können den Zellen in Echtzeit dabei zusehen, wie die Teilchen durch die dünnen Membranen wandern. Auch Jasper ist Teil einer Gruppe. Über das Schulnetzwerk sind die Tablets aller Schüler miteinander verbunden, sodass alle am selben Experiment arbeiten können.

8:50 Uhr: Die Kinder vergleichen ihre Lösungen und können Fragen stellen. Selbst Max, der gerade von Kiel nach München gezogen ist, findet dank des bundesweit geltenden Lehrplans sofort Anschluss an den Unterricht. Währenddessen synchronisieren sich die Tablets mit dem von Frau Hofman, die sich sofort die automatische Bewertung der Gruppenarbeit ansehen kann. Eine Prüfung werden die Schüler zu diesem Thema nicht schreiben müssen, die Projektarbeit reicht. Für Frau Hofman eine Erleichterung. Sie kann auf dem Tablet sehen, wo welche Gruppe noch Probleme und wer besonders gut abgeschnitten hat. Zum Abschluss der Stunde bittet sie ihre Schüler, einen Blick auf die Tablets zu richten. Dort ist nun ein Lernquiz erschienen, das den Inhalt der letzten Stunde bei jedem Schüler einzeln abfragt. Auch die Ergebnisse des Quiz sieht sie direkt auf ihrem eigenen Tablet und kann so die Leistung einzelner Schüler einschätzen. Danach entlässt Frau Hofman ihre Schüler in die Pause.

9:30 Uhr: In der Pause zieht es einige Kinder in die Sporthalle, wo ein interagierender Beamer Zahlen und kleine Rechenaufgaben an eine Wand wirft. Mit Bällen können jüngere Kinder die Lösungen für die Aufgaben „abwerfen". Es gibt eine schulinterne Highscore-Liste, in der sich die Besten jeder Altersgruppe verewigen können. Für andere Schüler ist das nichts. Sie ziehen es vor, mit ihren Freunden über den Schulhof zu schlendern.

10:00 Uhr: Im Informatikunterricht einer anderen Klasse geht es gerade um Algorithmen. In Zusammenarbeit mit einer lokalen Getränkefirma basteln die Schüler an einem Sortieralgorithmus, der die verschiedenen Pfandflaschen der Firma sortieren soll. Dafür ist heute jemand aus der IT-Abteilung der Firma gekommen und hat echte Daten mitgebracht, die die Sortiermaschine benutzt.

12:00 Uhr: Selbst das Mittagessen kommt in einer modernen Schule nicht mehr ohne Digitalisierung aus. Schon am Vorabend konnten die Schüler über ihre Tablets auswählen, welches der angebotenen Menüs sie essen möchten: Sie sehen bestimmte Nährwerte ein, erhalten Infos zu Ballaststoffen und Kohlenhydraten, checken den Zuckergehalt der zur Auswahl stehenden Getränke. Eine Tabelle hilft ihnen, sich zu orientieren. Ein Chat-Avatar beantwortet ihnen die wichtigsten Fragen. So lernen sie quasi nebenbei, Speisen und Getränke besser einzuschätzen. Ob es letztlich schmeckt, ist natürlich eine andere Frage.

13:34 Uhr: Im Biologieunterricht geht nichts mehr – Technikausfall. Das Smartboard im Klassenraum zeigt nur noch eine Fehlermeldung an und kann sich nicht mehr ins Schulnetzwerk einloggen. Frau Hofman stöhnt genervt auf. Sie hat ihre Präsentation doch auf den Servern der Schule gespeichert und würde gern im Unterricht weitermachen. In der Klasse bricht leichte Unruhe aus. Frau Hofman ist aber nicht allein. Sie ruft den IT-Beauftragten der Schule an, der sich des Problems (eventuell per Videoanruf) annimmt. Glück gehabt, ein paar Klicks und der Fehler ist behoben.

14:30 Uhr: Der Unterricht ist nun beendet und die Kinder strömen in die Arbeitsräume. Einige arbeiten an größeren Schulprojekten, je nach Altersklasse. Im Technikraum bastelt eine Gruppe gerade an einem Staubsaugerroboter. Es gibt Probleme mit dem Motor. Deswegen schaltet sich ein Ingenieur eines nahe gelegenen Technikunternehmens per Videocall hinzu, um bei der Problemlösung den entscheidenden Tipp zu geben. Andere machen ihre Hausaufgaben, schauen Youtube-Lernvideos auf ihren Tablets und füllen digitale Arbeitsblätter aus. Eine Klasse animiert gerade einen Kurzfilm, der die Geschichte von Wilhelm Tell zeigen soll.

16:00 Uhr: Die Kinder gehen nach Hause, die Tablets synchronisieren sich automatisch mit den schuleigenen Servern, die Teilnahme an den

Projekten wird genauso automatisch als Leistung verbucht. Zu Hause müssen nur noch die nicht fertig gewordenen Hausaufgaben erledigt und das Mittagessen für den nächsten Tag ausgewählt werden.

Was Eltern machen können

Ich habe großes Verständnis dafür, wenn Eltern neben ihrem Fulltime-Job, dem Haushalt und dem normalen Schulalltag keine Kraft mehr haben, sich auch noch zusätzlich an der Schule zu engagieren. Aber ich möchte Ihnen Mut machen. Wenn Sie das Gefühl haben, die Schule Ihrer Kinder ist eher ein Museum als eine digitale Lern- und Erlebniswelt, werden Sie bitte laut. Setzen Sie sich für Ihre Kinder ein und fordern Sie konkrete Veränderungen. Ein erster Schritt wäre der Gang in die Elternvertretungen der Schule. Ich weiß, wie spießig und oft auch sinnlos sich solche Gruppen anfühlen können. Aus meiner Erfahrung ist es oft besser, Lehrern und Schulleitern auf die Nerven zu gehen, um ein bestimmtes Ziel zu erreichen. Je eindeutiger Ihre Vorschläge sind, desto besser. Fragen Sie nach Fördermöglichkeiten. Denn große Überraschung: Die gibt es! Mit dem „Digitalpakt Schule" hat der Bund immerhin 6,5 Milliarden Euro für Schulen bereitgestellt, um Digitalisierungsprojekte an Schulen finanzieren zu können. Die müssen aber von den Schulträgern selbst beantragt werden. Wie träge das läuft, zeigt leider diese Zahl: Gerade mal ein Fünftel dieses Geldes wurde bisher ausgegeben, was an sich schon ein Skandal ist, denn immerhin läuft der 2018 gestartete Digitalpakt schon seit vier Jahren und soll 2024 auslaufen. Die gute Nachricht: Sie haben noch etwas Zeit und genug Geld für Ihre Schule ist sehr wahrscheinlich auch noch da. Erinnern Sie Ihren Schulträger, Ihre Schule, Ihre Direktoren und Lehrer einfach daran. Dann gibt es hoffentlich auch für Ihr Kind demnächst mehr als nur einen Overheadprojektor.

TWITCH – DIE SPORTSCHAU DES 21. JAHRHUNDERTS

Der bärtige Mann auf dem Trecker schaut in die Kamera, die ihn von oberhalb seines Kopfes beobachtet und sagt: „Vielen Dank für die 5-Euro-Spende." Dann richtet er seinen Blick wieder auf das Feld, das er gerade pflügt. „Soll ich mal ein bisschen schneller fahren, Chat?" Er lacht und der Trecker zuckelt fast unmerklich schneller vorwärts.

Einen Mausklick später lande ich bei einer Frau, die ein Headset trägt, an dem Katzenohren befestigt sind, und konzentriert auf ihren Bildschirm blickt. Sie ruft kurze, militärisch klingende Anweisungen: „B-Short; 3 incoming." Auf ihrem Bildschirm rumst und explodiert es in bunten Farben. Auf einmal ertönt eine Stimme und ein riesiger Schriftzug verkündet: „Clutch!" Die Frau lehnt sich zurück und atmet tief durch.

Ich tue es ihr gleich und wandere zum nächsten Stream. Wieder kann ich eine junge Frau vor ihrem Computer beobachten. Aber anstatt eines Computerspiels und bunter Explosionen starre ich auf eine Wand aus Text, die direkt aus einem Hacker-Film stammen könnte: Es ist ein Programmcode, den die junge Frau gerade bearbeitet. Sie bastelt an einer Software zum Chatten. Ich habe wenig

Ahnung vom Programmieren, aber werde hineingezogen und starre gebannt, wie aus ein paar Zeilen Code ein Programm entsteht.

All das kann ich aus meinem warmen Wohnzimmer beobachten und dabei meinen Tee schlürfen. Das Einzige, was ich machen musste, war, meinen Laptop aufzuklappen und die Streamingplattform Twitch zu besuchen.

Machen Sie sich keine Sorgen, wenn Ihnen weder meine Beispiele noch der Name Twitch etwas sagen. Mir ging es ähnlich. Aber glauben Sie mir: Wenn Sie Kinder fragen, werden die wissen, warum das, was auf Twitch passiert, für viele ein Thema in den Pausenhofgesprächen ist. So in etwa wie für uns damals die neueste Ausgabe von „Wetten, dass ...". Stellen Sie sich Twitch für die nächsten Seiten einfach wie einen Sportkanal im Fernsehen vor. Beim Fußballschauen kicken ja auch die wenigsten den Ball selbst umher.

Twitch ist eine dieser Erfolgsgeschichten des Internets. 2007 haben die Freunde Justin Kan, Emmett Shear, Michael Seiben und Kyle Vogt eine Plattform gegründet, auf der jeder live senden – oder streamen, wie man heutzutage sagt – konnte. Am Anfang gab es genau einen Kanal: den des Gründers Justin Kan. Mit einer Webcam, die auf einer Baseballmütze montiert war, und einem Rucksack, in dem ein Laptop steckte, wollte Kan sein gesamtes Leben teilen. Damals war das eine Revolution, auch wenn es uns heute mit all den Influencern kaum noch überrascht, die gefühlt sogar ihre Toilettengänge verkünden. Aber: Es war der Siegeszug einer Plattform, die heute täglich über 15 Millionen Menschen anlockt.

Für diesen Siegeszug sind unter anderem die zwei jungen Frauen und der bärtige Mann verantwortlich, die ich von meinem Sofa aus beobachtet habe. Es sind Zigtausende, die Spaß daran haben, dass ihnen andere beim Zocken, Malen, Programmieren, Säen, Schnitzen, Musizieren, Schminken oder Kochen zuschauen – alles in Echtzeit und in ständigem Austausch mit ihren Zuschauern. Selbst einige

Prominente, wie das Komiker-Duo Erkan & Stefan, die in den 2000ern eine bekannte Fernsehsendung hatten, oder der Sänger Clueso entdecken Twitch für sich. In den USA hat die demokratische Kongressabgeordnete Alexandria Ocasio-Cortez es geschafft, beim Zocken Hunderttausende zu bespaßen und gleichzeitig mit ihnen über Politik gesprochen.

Wenn Ihnen das jetzt etwas viel vorkommt: Nehmen Sie sich eine Stunde Zeit mit Ihrem Kind und lassen Sie sich alles erklären. Es verbringt dort Zeit – eventuell auch zu viel davon –, es muss dort also eine Menge Spaß haben. Fragen Sie nach den Lieblingsstreamern und warum Ihr Kind den besonders gut findet. Ein kleiner Geheimtipp: Tauschen Sie mal Rollen mit Ihrem Kind. Sie sind an der Reihe, sich von Ihrem Kind etwas beibringen zu lassen. Wenn Ihr Kind merkt, wie ernst Sie es nehmen, dann wird die Begeisterung nur so aus ihm heraussprudeln.

Auch wenn Ihr Kind Ihnen viel selbst erklären kann, ein bisschen Vorwissen schadet nie. Denn es gibt einige Besonderheiten, die Sie mit Ihrem Kind besprechen sollten.

1. Abos

Gotthold Ephraim Lessing hat in seinem Theaterstück „Emilia Galotti" schon vor 250 Jahren geschrieben: „Die Kunst geht nach Brot." Deswegen müssen Streamer, die sehr viel Zeit in die Plattform stecken, entweder reich sein oder dort ihr Geld verdienen. Ende 2021 enthüllte ein Datendiebstahl, wie viel die erfolgreichsten Streamer verdienen: Teilweise waren es Hunderttausende Dollar im Jahr. Wie? Unter anderem über sogenannte Abos (oder im Twitch-Jargon „Subs"). Ein Abo ist der Premium-Eingang zum Streamer. Es gibt einen speziellen Chat für Abonnenten, mehr Emojis für den Chat und manchmal besondere Goodies. Das können Dinge wie der Zugang zu einem gemeinsamen Spieleerlebnis und ein kleines Symbol neben dem eigenen Namen im

TWITCH – DIE SPORTSCHAU DES 21. JAHRHUNDERTS

Chat sein. Oft heißen Streamer Abonnenten als Teil einer verschworenen Gemeinschaft willkommen. Ein Abo, von dem es mehrere „Stufen" gibt, kostet mindestens 3,99 Euro. Wenn Ihr Kind Sie nun fragen würde, 3,99 für einen Streamer ausgeben zu dürfen, was würden Sie antworten? Vermutlich das Gleiche wie ich: „Dafür ist Taschengeld da." Und ganz sicher möchte ich Sie nicht dazu bringen, wahllos Geld im Internet zu verplempern. Aber vielleicht strahlt ein Kind über ein Abo als eine kleine Aufmerksamkeit nach einer guten Note oder einen nervigen Zahnarzttermin mehr als über Süßigkeiten.

2. Spenden
Neben den Abos, die Twitch selbst anbietet, finanzieren sich Streamer auch über Spenden. Anders als bei den Abos sind den Spenden keine Grenzen gesetzt. So hat der Streamer ExoticChaotic bei einem Geburtstagsstream ziemlich ungläubig gestaunt, als auf einmal eine 75.000-Dollar-Spende aufpoppte. Er musste sich auch sofort in sein Paypal-Konto einloggen, um zu überprüfen, ob es sich nicht um einen üblen Scherz handelte. Solche absurden Spenden sind aber natürlich die Ausnahme. Die meisten Zuschauer spenden eher kleinere Summen. Dafür dürfen sie aber jede Spende mit einer Botschaft verknüpfen, die die meisten Streamer laut vorlesen und dann darauf reagieren. Manchmal sind es Witze oder kleine Provokationen, manchmal Stream-Insider und manchmal einfach nur Lob. Aber das Wichtigste ist nicht unbedingt die Nachricht. Die Reaktion des Streamers ist viel mehr wert, die erzeugt nämlich Nähe. Es ist ein bisschen wie das Jagen nach Autogrammen oder der kurze Besuch im Backstagebereich am Rande eines Konzertes.

3. Bits
Eine dritte Variante, wie Ihr Kind Geld auf Twitch ausgeben kann, sind die sogenannten „Bits". Das sind lila „Kristalle", die man auf der

Webseite kaufen kann und die eine eigene Währung darstellen. Im Prinzip ist diese Unterstützung nur eine zusätzliche Spendenvariante, die einer weit verbreiteten Erscheinung in der digitalen Welt nutzt: Fantasiewährungen wie die Bits auf Twitch. Weil man die für echtes Geld kauft, verlieren Nutzer wegen der ständigen Umrechnerei schneller den Überblick. Sie geben mehr aus, als sie wollen oder können. Gerade Kinder sind dafür anfällig. Aber natürlich kann man auch über solche Dinge mit Kindern sprechen.

Wenn Ihr Kind nun also das Idol in irgendeiner Art unterstützt hat, sei es mit einer Spendenmöglichkeit oder dem Kauf von Fanartikeln, ist das natürlich vollkommen in Ordnung. Aber es gibt etwas, das Sie Ihrem Kind auch über Twitch beibringen können. Denn wie in vielem, was sich digital abspielt, können wir auch hier unsere analoge Werterichtschnur anlegen: Zeigen Sie Ihrem Kind, dass Fan von jemandem zu sein vollkommen in Ordnung ist. Aber erinnern Sie es auch immer daran, dass die Nähe zu Prominenten (und das sind Streamer oft) in den seltensten Fällen echt ist. Vielleicht hatten Sie ja selbst als Jugendlicher mal eine ausgeprägte Leidenschaft für Phil Collins. Aber nur weil unsere Idole uns auf Fanpost antworten oder eben im Stream live reagieren, heißt das nicht, dass es unsere Freunde sind.

Ich will Ihnen nicht verheimlichen, dass mir bei meinem Ausflug nicht nur die kreativen, lustigen Streams begegnet sind. Zur Wahrheit gehört nämlich auch, dass auf der Plattform auch Spiele mit gewalttätigem Inhalt gezeigt werden. Genau wie auf Youtube gibt es hier kaum Jugendschutzeinschränkungen, sodass man von einem harmlosen Strategiespiel zu einem brutalen Horrorshooter springen kann.

Und dann wären da noch die sogenannten Hot-Tub-Streams. Weil leicht bekleidete Menschen, also zum Beispiel im Bikini, auf Twitch verboten sind, suhlen sich manche Frauen in kleinen Kinderplanschbecken für den Garten und streamen das. Warum Twitch das nicht verhindert, hat einen kuriosen Grund: Eine Zeile in den Regeln erlaubte es, im Bikini zu streamen, solange der Kontext einen Bikini erforderte. Zum Beispiel in einem „Hot-Tub" oder eben im Kinderplanschbecken.

Vielleicht fragen Sie sich gerade, *was* genau Hunderttausende Streamer eigentlich so machen, außer zu zocken und dabei mit ihrem Chat zu quatschen. Dass ich hier so wenig darüber geschrieben habe, hat einen Grund: Es würde das Buch zu einem Wälzer machen, der Ihren Nachttisch zusammenkrachen ließe. Es gibt täglich neue Streamer, viele etablierte Streamer haben verschiedene Formate, bei denen sie mit anderen Streamern kooperieren. Es gibt Spielshows, die ohne Probleme im Fernsehen übertragen werden können, kleine Videospiel-Turniere oder gemeinsame Filmabende. Selbst Zoos übertragen gerade in diesem Moment Bilder aus Eisbär- und Löwengehegen. Außerdem schlägt der Twitch-Algorithmus Ihnen möglicherweise ganz andere Kanäle vor als mir. Und am Ende kann Ihnen Ihr Kind am besten erklären, was es interessant findet.

5 WENN KINDER DIE DIGITALEN REGELN BESTIMMEN WÜRDEN, HÄTTEN WIR EIN PROBLEM WENIGER

Wer hat Angst vorm Internet? Wenn ich mich durch deutsche Medienbeiträge wühle, bekomme ich schnell das dumpfe Gefühl, dass die Antwort darauf „alle" ist. In den Titelzeilen spielen Medienleute auf der gesamten Klaviatur der Panik. Jeder vermeintliche Experte, der vor Vereinsamung, Manipulation und ständiger Überwachung warnt, bekommt seine 15 Minuten Aufmerksamkeit und darf seine Thesen in die Welt posaunen. Allein für die Frage „Macht das Internet dumm?" findet Google über vier Millionen Treffer. Ich kann Ihnen die Frage in nur einem Wort beantworten: Nein. Das wissen die meisten Miesmacher auch, die solche Texte schreiben. Aber die Leser klicken auf die Überschriften, weil sie die perfekte Projektionsfläche sind, um Ängste und Unsicherheiten zu bestätigen. Und der Rest – dazu gehöre ich auch – liest mit, um sich über die Engstirnigkeit des Experten aufzuregen. Aber anstatt mich an den Einwürfen zu stören, sollte ich darüber lachen, denn wo stehen diese Interviews und Texte? Na klar! Im Internet!

Es sind oft ältere Männer, die besonders eindringlich vor dem Untergang unserer Gesellschaft durch die Digitalisierung warnen. Für mich stellt sich dann immer die Frage: Wollen wir Entscheidungen über unsere Zukunft wirklich von denen abhängig machen, die mit Schreibmaschine und Löschpapier groß geworden sind? Wie wäre es stattdessen, wenn wir diejenigen um Rat fragen, die tatsächlich Digitalexperten sind? Die, anstatt voller Angst und Unsicherheit durch das digitale Dickicht zu kriechen, jede digitale Blüte bestaunen, jeden imaginären Baum erklettern und am Ende mit ein paar Kratzern, aber viel glücklicher und um einige Erfahrungen reicher herauskommen. Die Rede ist natürlich von unseren Kindern.

Ich weiß. In den vorherigen Kapiteln habe ich Ihnen noch erzählt, dass wir Erwachsene es sind, die unsere Kinder an die digitale Welt heranführen müssen. Und natürlich stimmt das. Bitte lassen Sie sich also nicht von ihrer vierjährigen Tochter beraten, welchen Laptop Sie kaufen sollen – sonst bekommen Sie wahrscheinlich einfach den buntesten angepriesen. Wenn Ihr Kind schon als Teen durchgeht, ist die Wahrscheinlichkeit groß, dass es schon einige Meter im Internet-Dickicht unterwegs war und Ihnen sowieso schon beim Einrichten Ihres Druckers hilft oder bereits mehrfach erzählt hat, dass lineares Fernsehen ziemlich out ist. Ich bin der Überzeugung, Digitalisierung ist keine Einbahnstraße: Wir Älteren können von den Erfahrungen dieser Generation nur profitieren.

Was kann denn schiefgehen?

Ich habe einen Neffen, der ziemlich gern Videospiele am Computer spielt. Er kann stundenlang vor dem Bildschirm sitzen, während er die Maus unter der rechten Hand über den Tisch gleiten lässt und die Finger mit einer atemraubenden Geschwindigkeit über die Tasten rasen. Ich verstehe nicht immer ganz genau, was da auf dem Bildschirm passiert, aber wenn ich ihn beobachte, wie er konzentriert auf die Spielfiguren schaut, dann sehe ich kein Kind, sondern einen Menschen, der sich einer Sache verschrieben hat. Er ist wirklich gut in dem, was er da tut. So gut, dass er sogar dafür bezahlt wird. Er ist elektronischer

Leistungssportler – ein sogenannter E-Sportler. Es ist eine fremde Welt, in die ich Einblicke bekomme, voller unbekannter Namen und Sportarten. Und trotzdem hat auch diese Welt eine riesige Fanszene.

Meine Töchter sind auch Leistungssportlerinnen, jedoch in der materiellen Welt als Turnierreiterinnen. Aber wenn ich darüber nachdenke, was die beiden begeistert, merke ich, dass sie gar nicht so viel unterscheidet: Für beide ist ihr Sport nicht nur Spaß, sie trainieren sehr hart, um sich in Wettbewerben mit anderen zu messen. Wettbewerbe, bei denen es um Ruhm, Anerkennung, aber auch um Preisgelder geht. Trotzdem gibt es einen Unterschied: Während sich meine Tochter nie für ihre Sport-Begeisterung rechtfertigen muss, sogar viel Zuspruch erhält, motzen die Eltern meines Neffen regelmäßig darüber, dass er so viel Zeit vor dem Computer verbringt. Für mich ist das ein bisschen unverständlich. Natürlich ist er weder an der frischen Luft oder bewegt sich besonders viel vor dem Computer. Mein Neffe ist ein sehr anständiger junger Mann, studiert erfolgreich, hat Freunde und spielt gleichzeitig professionell ein Computerspiel. Für mich klingt das nicht nach einem ruinierten Leben, sondern nach einem vollkommen normalen Lebensentwurf im 21. Jahrhundert. Ich bin in einer Zeit aufgewachsen, in der sich kaum jemand vorstellen konnte, dass jemand beim Videospielen Geld verdienen könnte. Dass mein Neffe sich mit professionellem Zocken sein Studium – und mehr – finanzieren kann, zeigt offensichtlich, dass diese Zeit vorbei ist.

Für die Analog-Fanatiker ist es immer sehr leicht, Neues abzulehnen oder höchstens mit einem Achselzucken als irrelevant abzutun. Mit einem „das klappt doch eh nicht" halten wir gern den Fortschritt klein und sind am Ende überrascht, wenn uns die Realität überholt. Mein Neffe ist dafür nur ein Beispiel, andere sind mit ihren Youtube-Kanälen, Instagram-Accounts oder Koch-Blogs erfolgreich. Meistens sind es junge Menschen, die im digitalen Raum ihren Platz gefunden haben und mutig vorangehen, sich gegen Vorurteile und Widerstände durchsetzen und so Innovationen schaffen.

Mir war die Lebenswelt von jungen Menschen immer wichtig. Ich habe mich sehr dafür interessiert, wie sie miteinander sprechen, welche Probleme sie haben und wie sie ihre Träume und Wünsche entwickeln. Deswegen habe ich ihnen oft zugehört und immer wieder nachgefragt. Dabei ist mir aufgefallen, mit welcher Leidenschaft sie ans Werk gehen und mit welcher Frustration sie gleichzeitig umgehen müssen. Leidenschaft, weil sie die enormen Möglichkeiten sehen und mit einer beneidenswerten Leichtigkeit ausprobieren. Und Frustration, weil sie ständig gegen eine Mauer aus Gleichgültigkeit und Unverständnis bei Erwachsenen anreden müssen. Ein Beispiel: Als die Europäische Union 2019 die Urheberrechte im Internet reformieren wollte und dabei sehr zielgenau an der Lebensrealität der Jugendlichen vorbeiarbeitete, gingen Hunderttausende auf die Straße, um gegen das neue Gesetz zu protestieren. Der EU-Kommission fiel dazu nichts Besseres ein, als die Demonstranten in einem inzwischen gelöschten Blogpost als „Mob" zu bezeichnen. Jugendliche Stimmen bestimmen selten den öffentlichen Diskurs über die Digitalisierung. Das machen die Erwachsenen, die zwar viel darüber sprechen, was Teenager im Internet machen und für wie gefährlich sie das Ganze halten, aber die wenigsten nehmen sich die Zeit, ihnen zuzuhören oder sogar Ratschläge anzunehmen.

Wenn ich Workshops von BG3000 an Schulen begleite, muss ich oft an meine eigene Schulzeit denken. Was 2022 auf deutschen Schulhöfen passiert, unterscheidet sich kaum von dem, was ich in den 80er-Jahren des vergangenen Jahrhunderts erlebt habe. Manche Jugendliche – zu denen ich damals gehörte – stehen in Kleingruppen herum, lachen mit- und übereinander, stoßen und rempeln sich an und leben ihren Bewegungsdrang aus. Andere beschäftigen sich mit sich selbst, lesen, zeichnen oder hören Musik. Der Lärmpegel auf dem Gelände ist damals wie heute ohrenbetäubend.

Vielleicht sehen Sie das auch an Ihren eigenen Kindern, vielleicht tut Ihnen eine kleine Erinnerung gut: Wie Kinder tatsächlich miteinander umgehen, hat sich kaum geändert. Ich bin mir sicher, dass eine Menge der Geschichten und der Dramen, die sich in der Jugend abspielen, denen nicht unähnlich sind, wie Sie und ich sie erlebt haben. Liebeskummer fühlt sich immer noch mies an, Eifersucht brennt genauso wie vor 30 Jahren und das Hochgefühl einer guten Note oder während des Besuchs der ersten Party ist genauso aufputschend. Nur das Format ist manchmal etwas anders. Ich habe noch Fotoalben gebastelt. Damals habe ich die Fotos erst in einer Drogerie entwickeln lassen, dann fein säuberlich sortiert, manchmal ausgeschnitten, in ein Buch geklebt und mit meiner schönsten Schrift beschriftet. Es war eine Heidenarbeit. Heute verbringen Jugendliche Stunden damit, die Fotos digital zu bearbeiten, sich gegenseitig zu schicken und auf Instagram zu laden. Selbst die Fotos gleichen sich, von der furchtbaren Mode und dem massiven Einsatz von Haarspray damals in den 1980ern abgesehen. Trotz eines Smartphones in jeder Hosentasche scheint sich also nicht viel verändert zu haben. Nur die Medien sind andere: Instagram statt Fotoalbum.

Was mir auch auffällt, wenn ich auf Schulhöfen zu Besuch bin oder Jugendliche auf der Straße sehe: Kinder benutzen ihre Telefone nicht mehr als Telefon. Stattdessen beugen sie den Kopf über das kleine Display und tippen Nachrichten. Sie halten das Telefon höchstens an den Mund, um eine Sprachnachricht aufzunehmen. Trotzdem sehe ich das Klischee einer Gruppe Jugendlicher, die zwar zusammensitzt, aber komplett gebannt von ihren Handys ist, nur sehr selten. Ja, die meisten Jugendlichen texten viel. Aber wenn sie in der Gruppe unterwegs sind, liegt die Aufmerksamkeit viel weniger auf dem Handy, als wir Erwachsenen vermuten und oft darüber schimpfen. Wenn sie auf ihre Bildschirme schauen, ist es viel mehr der soziale Aspekt. Sie teilen eine Nachricht, ein Video oder ein Foto mit den Personen um sie herum. Das ist kein Wunder, immerhin fühlen sich die Geräte heutzutage an, als wären sie Teil unseres Gehirns. Davon kann ich mich nicht freisprechen – und Sie vermutlich auch nicht.

Erinnern Sie sich noch an die Zeit, in der Facebook nur etwas für Teenager war? Heute, nicht mal zehn Jahre später, ist Facebook eine

Art Rentner-Social-Network, das bei Jugendlichen meistens Fremdscham auslöst. Die sind längst weitergewandert, während wir noch immer versuchen, uns an das Neue zu gewöhnen. Wir sind ein bisschen wie die Miesmacher, die ihre Anti-Digitalisierungstexte im Internet veröffentlichen. Natürlich können wir alles Mist finden, was da passiert, können soziale Netzwerke ablehnen, uns ein Handy von 1997 kaufen und uns vormachen, dass wir der Digitalisierung entkommen könnten – nur um ein paar Minuten später ein Rezept für Gulasch „wie bei Oma" im Internet zu suchen.

Was macht Eltern eigentlich so viel Angst vor der Digitalisierung? Ich habe die starke Vermutung, dass es ihre eigene Unsicherheit ist, die sie fühlen, wenn sie ihr Handy in der Hand haben. Sie fühlen sich ertappt, wenn sie etwas nicht verstehen. Sie fühlen sich missverstanden, wenn sie die wütenden Kommentare unter Artikeln bei Facebook lesen, meist geschrieben von Gleichaltrigen. Sie fühlen sich schlecht, wenn sie im Internet Pornos schauen und ihre Kinder davor beschützen wollen. Das ist eine verständliche Reaktion. Unsere Generation muss sich jeden Mausklick und jede Neuerung im Internet selbst beibringen. Ich rege mich ja selbst total auf, wenn nach einem Update auf meinem iPhone die Wecker-App auf einmal anders funktioniert. Ich möchte alle Eltern, denen es so geht wie mir, beruhigen. Unsere Kinder sind uns ähnlicher, als wir denken. Wir verbringen jeden Tag Zeit mit ihnen, geben unser Bestes bei der Erziehung und versuchen sie vor Unglück zu beschützen. Wissenschaftler sind sich einig: Wir haben großen Einfluss auf unsere Kinder, gerade im jungen Alter ahmen sie uns nach, wo es nur geht. Auf lange Sicht gesprochen: Wenn wir uns nicht für Gewaltvideos interessieren, warum sollten das unsere Kinder tun? Wenn wir uns anständig (im Netz) verhalten, warum sollten unsere Kinder das nicht tun?

Je mehr ich darüber nachdenke, desto mehr erkenne ich, dass es im Straßenbild die Erwachsenen sind, die in Zügen oder Bussen, beim Warten an der Haltestelle oder in der Schlange vor dem Kino sofort das Handy zücken und über die Bildschirme wischen. Und auch bei mir im Freundeskreis passiert es immer wieder, dass wir, anstatt uns zu unterhalten, nur schnell eine E-Mail beantworten oder die Nachrichten checken. Während die Jugendlichen ihre Handys eher als Kamera und Organisationstool für ihre Freundschaften nutzen, sind wir es, die große Teile unseres Lebens mit den Geräten bestreiten: Sei es das Onlinebanking, die schnelle E-Mail an den Chef auf dem Nachhauseweg oder unser Bedürfnis nach Neuigkeiten aus der Welt. Wir erleben tagtäglich den Druck und den Stress, den die Geräte auf uns ausüben. Deswegen unterwerfen sich selbst im kalifornischen Silicon Valley, dem Geburtsort der meisten sozialen Netzwerke, viele Menschen inzwischen regelmäßig einem „Digital Detox" und gehen wortwörtlich in die Wüste, um sich dem Smartphone-Trubel zu entziehen. Auch in Deutschland erhält das Thema „Digital Detox" immer größeren Auftrieb und viele Menschen betrachten ihre Handynutzung und ihren Medienkonsum kritisch. Ich möchte das niemandem verbieten oder dagegen argumentieren. Im Gegenteil: Wenn uns etwas schadet, müssen wir lernen, damit umzugehen, auch wenn das bedeutet, das Handy etwas seltener in die Hand zu nehmen. Was ich unfair finde, ist, wenn wir unsere Angst vor der Smartphone-Sucht auf unsere Kinder projizieren, ohne deren Umgang mit den Geräten zu verstehen.

Drei Erkenntnisse über „die Jugend von heute!"

Kaum etwas ist so konstant aktuell wie die Tirade über „die Jugend von heute". Angeblich haben schon vor 5.000 Jahren die Sumerer auf Steintafeln geschrieben: „Die Jugend achtet das Alter nicht mehr, zeigt bewusst ein ungepflegtes Aussehen, sinnt auf Umsturz, zeigt keine Lernbereitschaft und ist ablehnend gegen übernommene Werte." Das war für die jugendlichen Sumerer genauso Quatsch wie für Jugendliche von heute oder vor 30 Jahren. Denn nur eins vorweg: Es ist das Privileg der Jugend, alte Werte infrage zu stellen.

Aber, so argumentieren die Sumerer von heute, diesmal naht wirklich das Ende der Zivilisation, wie wir sie kennen. Das Internet sei schuld an diesem bevorstehenden Zusammenbruch und der Verdorbenheit der Jugend, weil es gesellschaftliche Probleme tausendfach verstärken würde. Dass die Digitalisierung bestimmte Prozesse beschleunigt und verstärkt, ist sicher richtig. Aber wer das als Argument gegen die Jugend heranzieht, macht es sich viel zu einfach und blendet systemische Probleme wie die der gesellschaftlichen Ungleichheit oder einer immer älter werdenden Bevölkerung aus.

Lassen Sie mich das an drei Erkenntnissen über „die Jugend von heute" versuchen zu erläutern. Ich werde Ihnen zeigen, dass die Jugendlichen von heute 1. nicht zu sozialen Sonderlingen geworden sind; 2. Fehlentwicklungen und Gefahren sogar früher als wir erkennen und 3. in vielen Fällen informierter sind als wir.

1. Das Internet macht Jugendliche nicht zu sozialen Sonderlingen
Ein Vorwurf, den sich junge Menschen immer wieder gefallen lassen müssen, ist der, dass sie keine „echten" Kontakte mehr hätten. Dass durch die Digitalisierung echte Beziehungen an Bedeutung verlieren würden und von einem oberflächlichen, hedonistischen Individualismus ersetzt werden. Oft wird der Vorwurf mit einer dystopischen Zukunft verbunden, in der Menschen nicht mehr persönlich miteinander reden würden, in abgedunkelten Zimmern vor sich hinvegetieren und ihren Trieben im Internet nachgehen. Ich übertreibe hier nur ein bisschen.

Die amerikanische Wissenschaftlerin Danah Boyd hat sich nicht mit diesen Thesen der Digitalisierungskritiker zufriedengegeben und stattdessen selbst geforscht. Sie arbeitet unter anderem für Microsoft, die New York University und am Harvard Berkham Center for Internet and Society. In ihrem Buch „It's Complicated – the social lives of networked teens" beschreibt sie eine Generation, die mit Smartphones und den sozialen Netzwerken aufwächst und wie tief beides im Leben der Jugendlichen verankert ist. Mehr als ein Jahrzehnt lang erforschte sie deren Nutzungsverhalten und führte Tausende Interviews mit Jugendlichen. Sie kommt zu dem Schluss, dass das Internet nicht annähernd so gefährlich für Jugendliche ist, wie viele glauben.

Sie bestätigt meine Beobachtung, dass Jugendliche trotz Smartphone immer noch junge Menschen bleiben, die „tratschen, flirten, sich beschweren, Notizen vergleichen, Leidenschaften teilen, Gefühle zeigen und Witze machen wollen". Die sozialen Netzwerke, so erklärt sie, seien oft nur ein Weg, miteinander in einer Welt zu kommunizieren, in der es kaum noch Möglichkeiten gibt, sich im öffentlichen Raum zu treffen. Das habe ich in den USA auch festgestellt. Meine Töchter sind oft erst nach 18 Uhr aus der Schule gekommen und mussten dann noch Hausaufgaben machen oder Schulprojekte vorbereiten. „Die Zeiten, in denen man nach der Schule so lange herumstromern konnte, bis es dunkel wurde, sind lange vorbei", schreibt Boyd dazu.

Kinder sind gern Kinder – auch ganz ohne digitale Hilfsmittel. Das merke ich immer wieder bei Kindergeburtstagen oder wenn ich Schulklassen besuche. Bei einer Schnitzeljagd durch den Wald lässt selbst das smartphonesüchtigste Kind das Gerät links liegen und schlägt sich mit durchs Unterholz.

2. Jugendliche sehen die Gefahren der Digitalisierung früher als wir
Ich habe in diesem Buch viel darüber geschrieben, dass wir Kinder an das Internet sorgfältig heranführen müssten. Das habe ich auch bei meinen eigenen Töchtern getan, wir haben Regeln vereinbart, welche Webseiten sie besuchen dürfen und welche nicht. Ich habe ihre digitalen Zeiten begrenzt. Das ist bis heute die richtige Herangehensweise.

Wenn aus Kindern Jugendliche werden, wenn sie allein im Internet unterwegs sind, überholen sie uns sehr schnell. Sie begeben sich dann auf Entdeckungstour durch die digitale Welt und finden Orte, die wir nicht kennen. Genau wie ich früher im Wald Buden gebaut habe, die meine Eltern niemals gefunden hätten. Wir müssen also davon ausgehen, dass Jugendliche Erfahrungen machen, die uns fremd sind.

Und tatsächlich hat David Finkelhor, Direktor des „Crimes Against Children Center" an der Universität in New Hampshire einen interessanten Vergleich für Jugendliche gefunden: „Jugendliche sind die ‚Kanarienvögel in den Kohleminen', wenn sie in Massen im Internet unterwegs sind."

Natürlich will Finkelhor unsere Kinder nicht in die Minen schicken und dort an Sauerstoffmangel ersticken lassen. Was er beschreibt, sind junge Menschen als Entdecker, die zwar in einer gefährlichen Umgebung unterwegs sind, aber von dort eben auch Warnungen mitbringen – also eine Art Frühwarnsystem sind.

Das liegt unter anderem daran, dass Jugendliche soziale Netzwerke viel früher und intensiver als wir benutzen. TikTok zum Beispiel galt lange als App für „Kinder", weil gerade 13- bis 14-Jährige die Funktionen der App lieben. Wenn wir Erwachsenen irgendwann hinterherstolpern und unsere eigenen Versuche online stellen, dann haben die Jugendlichen längst alle Fehler gemacht, die wir noch machen müssen.

Und sie tauschen sich darüber aus, teilen ihre Erfahrungen manchmal sogar ganz offen in den sozialen Netzwerken selbst. Das führt zum Beispiel dazu, dass viele Jugendliche sehr genau über die Privatsphäre-Einstellungen bei Instagram Bescheid wissen, oft mehr als Erwachsene. Und sei es nur, um ihre Accounts vor ihren Eltern geheim zu halten.

Auch das Thema mentale Gesundheit ist bei Jugendlichen längst angekommen – einschließlich des Wissens um die Folgen von massivem Social-Media-Konsum. Meine ältere Tochter hat mir erst vor Kurzem erzählt, dass sie TikTok von ihrem Handy verbannt hat. Sie verbringe zu viel Zeit in der App. „Es ist so hirnlos witzig, dass ich stundenlang scrollen kann", hat sie mir erzählt. Also sei erst mal Schluss damit, auch wenn sie TikTok am Anfang schon vermisst hätte.

Was ich damit sagen will: Es ist die elterliche Überheblichkeit, die im Alltag ja auch wunderbar funktioniert. Wir wissen, welche Straßen gefährlich sind und wo wir besser kein Lagerfeuer im Wald machen sollten. Nur können wir uns auf dieses Wissen im Internet nicht mehr vollständig verlassen. Unsere Kinder sind uns da bereits voraus.

3. Jugendliche wissen mehr über sich, als wir glauben
Aktuell gibt es fast zwei Milliarden Webseiten. Eine große Zahl, die jede Sekunde wächst. Es ist nicht verwunderlich, dass bei so viel Inhalt für jeden etwas dabei ist, ganz egal wie außergewöhnlich das Interesse ist. Es gibt Webseiten, die sich ganz dem Geräusch von Regen verschrieben haben. Es gibt Shops, in denen man sich für zehn Dollar ein zufälliges Geschenk kaufen kann, das ein paar Tage später geliefert wird. Ich könnte noch stundenlang weitermachen, aber wenn Sie ein paar Minuten (oder Stunden) Zeit haben, dann gehen Sie doch mal auf theuselessweb.com und bestaunen Sie die Kreativität des Internets.

Auch wenn die meisten solcher Webseiten „useless" sind, gibt es auch eine andere Seite des Internets. Trotz allem ist es immer noch ein Raum, in dem sich Menschen vernetzen und ohne Grenzen von Zeit und Entfernungen miteinander sprechen können. Das ist das Internet, in dem junge Menschen heute einen großen Teil ihrer Identität ausprobieren und entwickeln.

Ich bin immer wieder fasziniert, mit welcher Leichtigkeit und wie viel Spaß Jugendliche im Internet an ihrer Identität feilen, sie über Bord werfen und ganz neu anfangen. Die sozialen Medien sind dafür perfekt geeignet. Gleichgesinnte gibt es (fast) immer und ein neues Profil lässt sich schnell anlegen. In Foren oder unter Hashtags tauschen sie sich über Probleme oder Entwicklungen aus.

Das wirkt sich direkt auf das Selbstbild der Jugendlichen aus. Wissenschaftler an der neuseeländischen Universität von Auckland haben sich mit dem Selbstverständnis von jungen Frauen im Internet beschäftigt und waren überrascht, wie kritisch die Mädchen mit der Sexualisierung ihrer Körper umgehen und wie stark sie sich in Diskurse über ihre Sexualität einbringen konnten.

WIR KÖNNEN DAS BESSER!

Die Psychoanalytikerin Sherry Turkle hat schon 1995 erkannt, wie groß das therapeutische Potenzial von sozialen Netzwerken ist. Dort würden wir uns ständig selbst reflektieren, also über unsere Identität nachdenken, und uns dadurch erst selbst entdecken. Turkle erklärt das mit der Arbeit, die notwendig sei, sich im Internet zu präsentieren. Poste ich ein Instagram-Foto von meinem Essen im schicken Restaurant? Zeige ich mich lieber in Jogginghose auf dem Sofa mit einem Buch und einem Glas Rotwein? Oder wechsele ich fröhlich zwischen Sofa und Lachsfilet? Im materiellen Leben können wir „einfach sein", im Internet müssen wir selbst aktiv sein, um überhaupt wahrgenommen zu werden. Da sind uns Jugendliche einiges voraus.

Lassen wir uns von den Jugendlichen inspirieren

Immer, wenn ich einen Instagram-Post auf meinem Profil plane, rufe ich eine meiner Töchter an. Sie sind meine privaten Social-Media-Beraterinnen – zu meinem Glück, weil mir Instagram oft ein Rätsel ist. Schon die Frage, aus welchem Winkel ich ein Foto machen soll, hat so viele Antworten, dass ich meistens die falsche wähle. Meine Töchter, beide mit Instagram aufgewachsen, wissen jedoch Bescheid: „Mama, das kannst du so nicht machen, du musst in die Kamera schauen." Oder sie sagen mir, welche Schriftart ich für meine Beiträge nehmen soll und welche Formulierungen mich wie eine alte Frau aussehen lassen, die keine Ahnung hat. Ich kann den Austausch mit den eigenen Kindern nur empfehlen, denn die beiden haben mich schon vor dem einen oder anderen Fettnäpfchen bewahrt.

Nun stehe ich in der Öffentlichkeit und sicherlich braucht nicht jeder Mensch einen Instagram-Account. Sie brauchen auch nicht in jedes soziale Netzwerk zu gehen, nur weil sich Ihre Kinder eventuell dort tummeln – auch wenn ich an Ihrer Stelle zumindest einen kurzen Blick riskieren würde. Es geht mir um viel mehr. Mich hat die Neugier, mit der junge Menschen an neue Technologien herangehen, immer fasziniert. Manche Miesmacher nennen den sorglosen Umgang naiv, für mich hat er immer bedeutet, voranzugehen und die Zukunft mitzubestimmen, anstatt uns in Schockstarre von ihr überrollen zu lassen. Wenn ich Jugendliche sehe, die mitten in der Fußgängerzone einen TikTok-Tanz aufnehmen, dann ist das nicht peinlich, sondern mutig. Wenn sie einen Youtube-Kanal eröffnen, auf dem sie vegane Rezepte vorstellen, ist das die Lust am Ausprobieren, die ich aus Amerika kenne und schätze.

Vielleicht erinnern Sie sich noch an den Youtuber Rezo. Das ist der junge Mann mit den blauen Haaren, der mit dem Video „Die Zerstörung der CDU" den vor sich hintröpfelnden Wahlkampf vor der Europawahl 2019 zu einem Spektakel gemacht hat. Knapp eine Stunde dauert die Abrechnung mit der Union, schlussendlich mit allen großen Parteien. Die Resonanz ist riesig. Alle großen Medien behandeln die Inhalte, die CDU reagiert wie ein Haufen aufgeschreckter Hühner und veröffentlicht einen offenen Brief (!), der direkt an Rezo gerichtet ist, in dem sie ihm vorwirft, das Video aus reiner Lust an hohen Klickraten aufgenommen zu haben. Bei sehr vielen anderen kommt das Video hingegen großartig an. Journalisten und Wissenschaftler analysieren es minutengenau und über Nacht wird Rezo zu einem Vorbild – auch für gestandene Journalisten. Er gewinnt Preise und wird häufig interviewt. Die *New York Times* nennt ihn „die Stimme einer Generation".

Rezo ist einfach ein junger Mann, der seit 2015, nahezu unbemerkt von uns Erwachsenen, Millionen Fans gewonnen hat. Zum Vergleich: Die erfolgreichste aktive deutsche Politikerin auf Instagram ist Annalena Baerbock mit etwas mehr als 500.000 Followern. Rezo hat doppelt so viele – und ist damit noch ein vergleichbar kleiner Fisch auf Instagram. Niemand muss der politischen Haltung von Rezo zustimmen, aber dass ein 26-Jähriger aus seinem Zimmer heraus eine Volkspartei ins Straucheln bringen kann, ist beeindruckend. Finden Sie nicht? Und dass diese Partei mit einem „offenen Brief" antwortet, sagt eigentlich schon alles über den Stand ihrer eigenen Digitalisierung. Okay, geschenkt, Schnee von gestern.

Überhaupt ist es die vermeintliche „Smombie-Generation", die aus dem digitalen Raum die Welt verändert. Die Umweltaktivisten um Fridays for Future vernetzen sich über die sozialen Netzwerke und Messenger und bringen so selbst in kleineren Städten immer wieder teilnehmerstarke Demonstrationen auf die Straße. Und selbst diejenigen, die weniger politisch unterwegs sind, finden online eine Gemeinschaft, in der sie sich voll einbringen. Es gibt junge Menschen, die auf ihrem Instagram-Account Buchrezensionen veröffentlichen. Teilweise haben die nur ein paar Hundert Follower, die Accounts wirken aber professioneller als das, was viele Buchläden machen. Diese jungen Menschen machen das neben der Schule, einfach weil sie Spaß daran haben.

Ich weiß nicht, wie es Ihnen geht, mich inspirieren solche Storys immer wieder. Dann frage ich mich: Was können wir Erwachsenen davon lernen?

Fünf Ideen für eine neue Sicht auf Digitalisierung (inspiriert von „dieser Jugend")

Vielleicht ist es an der Zeit, dass wir Erwachsene uns Hilfe holen bei unseren Kindern. Keine Sorge. Das heißt nicht, dass Sie ab morgen mit diesen Handyhüllen zum Umhängen herumlaufen oder in der Fußgängerzone Videos für TikTok aufnehmen müssen. Das tue ich auch nicht und werde es vermutlich auch nie. Aber ich habe – nicht nur von meinen Töchtern – gelernt, vieles, was mir zuerst vollkommen hirnlos und kindisch vorkam, neu und anders zu betrachten. Ich möchte Sie einladen, es zu probieren. Vielleicht helfen Ihnen die folgenden Tipps dabei.

Idee 1: Haben Sie keine Angst vor Neuem

Ich schreibe hier viel von sozialen Netzwerken, die unsere Welt verändern. Aber Digitalisierung bedeutet noch viel mehr. Es geht auch um digitale Assistenzsysteme im Haushalt, also die Siris und Alexas dieser Welt, vernetzte Geräte wie Kameras und Türklingeln oder Ihre Heizungssteuerung, die erkennt, wenn Sie auf dem Weg nach Hause sind und Sie mit einer wohlig warmen Wohnung empfängt. Vielleicht verwenden Sie sogar davon schon etwas und haben sich vorher Tests des Produkts durchgelesen. Ich wette, in jedem dieser Artikel ist das Thema Datenschutz aufgetaucht. Verstehen Sie mich nicht falsch: Der deutsche Datenschutz ist wichtig und ich möchte nicht zurück in die USA, wo ich immer eine komplett gläserne Bürgerin war. Der Datenschutz ist jedoch auch oft ein vorgeschobenes Argument, mit dem wir unsere Angst vor Neuem überdecken. Ganz besonders dann, wenn Menschen aus Halbwissen Dinge ablehnen.

Deswegen mein Tipp: Anstatt dem Neuen die Tür vor der Nase zuzuschlagen, probieren Sie es zuerst aus und bilden Sie sich ein eigenes Urteil. Vielleicht entdecken Sie, dass Ihnen der Datenschutz auf einmal nur halb so wichtig ist, wenn Sie nach einem Heimweg durch Schneematsch in eine warme Wohnung kommen (und dabei auch noch Geld sparen, weil die Heizung nicht durchgehend läuft).

Idee 2: Erlauben Sie sich Fehler
Deutsche haben eine grässliche Fehlerkultur. Ich bin der festen Überzeugung, dass viele Menschen ihrem Nachbarn die vergessene Kehrwoche noch auf den Grabstein schreiben würden. Na gut, ganz so schlimm ist es vielleicht nicht, aber Sie verstehen, worauf ich hinauswill. Das hat uns auch lange geholfen. Unsere Erfindungen sind deswegen so gut, weil wir sie bis auf die letzte Unterlegscheibe immer wieder testen, um jeden Fehler auszuschließen. Nur: Was für Maschinen funktioniert, ist für das menschliche Miteinander – insbesondere im Digitalen – eher schädlich. Wir erlauben uns selbst keine Fehler mehr, basteln stundenlang an der richtigen Formulierung für die WhatsApp-Nachricht, nur um sie dann doch zu verwerfen. Vielleicht kennen Sie den Satz von sich: „Ich würde ja gern, aber ich bin nicht gut genug." Vielleicht ist es ein Musikinstrument,

das Sie spielen lernen wollen. Oder Sie fotografieren gern, trauen sich aber nicht, die Fotos der Welt zu zeigen.

Werfen Sie diese Haltung probeweise einfach mal über Bord. Vielleicht ist das Bild nicht perfekt ausgeleuchtet, vielleicht kommentiert das sogar jemand unter dem Foto. Aber dann haben Sie daraus gelernt und achten beim nächsten Mal ganz besonders auf die Ausleuchtung.

Der Fernsehmaler Bob Ross hat in seinen Videos immer von „Happy Little Accidents", also glücklichen kleinen Fehlern gesprochen, wenn er sich vermalt und aus einem schwarzen Strich einen kleinen Baum gezaubert hat. Das Gute am Digitalen ist: Die meisten Fehlerchen tun niemandem weh und lassen sich in den meisten Fällen sogar ganz wegzaubern – mit der Löschtaste zum Beispiel.

Idee 3: Lassen Sie Dinge fallen
Die Löschtaste wird Ihnen auch bei Idee 3 helfen. Wenn Sie demnächst die ersten digitalen Experimente wagen, zum Beispiel einen Instagram-Account für Ihren Hund anlegen – eine Idee, die mir schon lange im Kopf herumschwirrt –, erinnern Sie sich daran, was diese Aktion für junge Menschen bedeutet: nichts. Sie legen Accounts für ihre Zimmerpflanzen an und vergessen ihn nach drei geposteten Fotos direkt wieder. Für viele Jugendliche ist der Neustart sogar eine Möglichkeit, sich neu zu erfinden (dazu bei Idee 5 mehr!).

Wenn Sie das als Vorbild nehmen, werden Sie eine Leichtigkeit erleben, an Dinge heranzugehen, die Sie vielleicht an Ihre Jugend erinnert. Etwas ausprobieren, um es getan zu haben und eventuell auch wieder zu beenden. Niemand zwingt Sie, Dinge ewig zu machen, ganz besonders dann nicht, wenn sie Ihnen gar keinen Spaß machen.

In meinen Augen ist das eine Haltung, die uns auch als Gesellschaft weiterbringen kann: Wir testen Dinge aus, während wir sie benutzen, und schauen, ob sie zu uns und unserem Lebensstil passen. Dann entscheiden wir, ob wir sie behalten wollen oder nicht. Die Aufräumkönigin Marie Kondo, die mit einer Netflixserie Millionen Haushalte dazu gebracht hat, ihre Schlafzimmer aufzuräumen, hat dafür eine besonders radikale Herangehensweise gefunden. Sie fragt: „Does it spark joy?" Entfacht es Freude? Wenn die Antwort nicht eindeutig Ja ist, fliegt der Gegenstand aus dem Haushalt.

Idee 4: Suchen Sie sich (neue) Vorbilder
Hatten Sie als Kind mal ein Idol? Vielleicht einen Rockstar oder eine Sportlerin, dem oder der Sie nachgeeifert haben? Deren Haarschnitt Sie kopiert und an dessen Kleidungs- oder Bewegungsstil Sie sich etwas abgeschaut haben?

Als Erwachsener verlernt man leider sehr schnell, Idole oder Vorbilder zu haben. Dabei kann das wahnsinnig inspirierend sein. Deswegen ärgere ich mich auch immer sehr, wenn Influencer als wandelnde Werbeplakate bezeichnet werden. Sicher, bei einigen bekommt man schnell das Gefühl, sie gehen eine Werbepartnerschaft nach der anderen ein. Es gibt darüber hinaus aber sehr viele Influencer, die ihre Fans nicht mit einer Produktplatzierung nach der anderen überschütten.

Machen Sie sich doch mal auf die Suche, vielleicht finden Sie ja einen Influencer in einem Ihrer Hobbys. Lassen Sie sich darauf ein, mal wieder Teil einer Fangemeinschaft zu sein. Es muss natürlich kein Influencer sein, an dessen Lippen Sie demnächst hängen. Sie könnten stattdessen einer Fotografin, einem Maler oder einer Köchin folgen und deren Arbeiten begleiten. Ich bin zum Beispiel großer Fan von Köchen wie Jamie Oliver oder Gordon Ramsay. Ich bin mir sicher, dass es da auch für Sie jemanden gibt, der Sie begeistert.

Idee 5: Identität ist auch nur ein Projekt
Jetzt wird es etwas herausfordernder. Ich möchte Sie auf keinen Fall dazu auffordern, sich die Haare blau zu färben – außer Sie möchten das. Dieser Tipp soll nur eine Erinnerung daran sein, dass Ihre Identität nicht auf Ihrem Beruf, Ihrer Rolle als Mutter oder Vater oder Ihrem fahrbaren Untersatz basiert.

Nicht umsonst boomt das Geschäft mit Ratgebern, um sich selbst neu zu entdecken. Ich finde das auch nicht verwerflich. Im Gegenteil! Gerade im Digitalen gibt es so viel zu entdecken, so viele Möglichkeiten, seine eigene Identität neu auszuprobieren und zu gestalten, dass ich nur dazu raten kann. Vielleicht sind Sie der geborene Streitschlichter und eignen sich als Moderator in einer Facebook-Gruppe. Oder Sie merken, dass Ihre kreative Ader noch nicht ausgeschöpft ist und beteiligen sich an einem digitalen Kunstprojekt. Vielleicht werden Sie auch der Typ in der Nachbarschaft, der das erste vollständig digitalisierte Haus hat (und dazu blaue Haare).

Ich habe eine Großtante, die über 90 Jahre alt ist. Diese Frau wurde in einer Zeit geboren, in der Dörfer teilweise nur einen einzigen Telefonanschluss hatten. Heute hat sie es sich zur Aufgabe gemacht, jeden meiner Instagram-Posts zu kommentieren. In meinen Augen hat sie verstanden, worum es geht: sich nicht auf dem eigenen Selbst auszuruhen.

9 VON FAKE NEWS BIS FAKE SHOPS – WIE WIR UNSERE DIGITALEN SINNE TRAINIEREN MÜSSEN

Fühlen Sie sich ungeschützt, wenn Sie im Internet unterwegs sind? Sind da Zweifel, wenn Sie einen unbekannten Link anklicken, eine Feed-Nachricht auf Facebook lesen oder in einem nicht zertifizierten Onlineshop einkaufen? Dann sind Sie nicht allein! Umfragen zeigen immer wieder, dass viele Menschen mit Angst vor dem Computer sitzen: Am meisten sorgen sich die Menschen um das eigene Bankkonto und ihre Social-Media-Accounts oder haben Angst vor Viren, die ihre Geräte befallen könnten. Leider gibt es ein Problem: Je digitaler wir werden und je stärker unsere materiellen Leben mit dem Internet verschmelzen, desto stärker müssen wir auf unsere Sicherheit achten. Wenn vor 20 Jahren beim Frühstück nebenbei das Radio dudelte, brauchten Sie keine Angst zu haben, dass sich jemand in das Gerät hackt und zuhört, wie Sie sich über die frischen Brötchen freuen. Wenn Sie heute, wie viele andere Menschen, einen digitalen Sprachassistenten wie Alexa oder Google Home besitzen, stellen Sie sich ein Mikrofon ins Regal! Eines, das gehackt werden kann.

Ein anderes Beispiel: Als junge Eltern hatten mein Mann und ich selbstverständlich ein Babyfon. Es gab einen Sender, den wir neben das Babybettchen stellten, und einen Empfänger, den wir immer mit uns herumschleppten und aus dem dann und wann ein blechernes Wehklagen ertönte. Eltern heutzutage haben bestimmt auch so ein Gerät, es erleichtert vieles. Nur sind die Geräte inzwischen vernetzt und technische Alleskönner – nicht nur mit steuerbaren Nachtsichtkameras ausgestattet, sondern gleichzeitig auch Thermometer, Wecker, Funkgerät und Abspielgerät für Schlaflieder. Auf diese Geräte können Hacker – wenn sie nicht richtig abgesichert sind – zugreifen. Eine Horrorvorstellung! Wenn Sie jetzt glauben, kein Ziel zu sein, weil Sie nicht interessant genug sind, kann ich Ihnen sagen: Manche Hacker hacken einfach nur, weil es ihnen möglich ist.

Es geht aber auch nicht nur um Geräte, die gehackt werden. Mit jedem neuen Internetnutzer, mit jeder neuen Webseite, mit jeder neuen Dienstleistung, die unser Leben einfacher machen soll, wird es für uns komplizierter, sich zurechtzufinden. Welchem Shop oder welcher Nachrichtenseite kann ich vertrauen? Wo werde ich betrogen und belogen? Fragen, die ich mir auch oft stelle – und für die ich nicht immer die richtigen Antworten gefunden habe.

Verwechseln Sie mich bitte nicht mit den Angstmachern, die paranoid hinter jeder Ecke der Digitalisierung einen Verbrecher vermuten, der mit einem Laptop bewaffnet Konten leer räumt. Die neuen Möglichkeiten sind großartig. Ich komme mir manchmal fast wie eine Figur aus Star Trek vor, wenn ich von unterwegs meine Heizung anmache. Ich liebe es, kleine Internetshops zu finden, in denen ich kuriose Dinge kaufen kann, wie zum Beispiel riesige Stäbchen für Sushi.

Für die EU-Kommission haben Forscher untersucht, wie die Europäer zum Thema Internetsicherheit stehen. Wenig überraschend haben Deutsche überdurchschnittlich große Angst, wenn sie das Internet benutzen. Aber darauf will ich gar nicht hinaus. Viel bemerkenswerter finde ich eine andere Erkenntnis: Ungefähr die Hälfte der Deutschen fühlt sich gut über die Gefahren von Internetkriminalität informiert und weiß sich auch vor ihnen zu schützen. Das heißt im Umkehrschluss gleichzeitig auch, dass die andere Hälfte das nicht tut. Und dagegen kann nur eins helfen: Bildung für unsere Jugend und im Erwachsenenalter Aus- und Weiterbildung! Genau wie wir auch in der materiellen Welt lernen, Gefahren einzuschätzen und uns dagegen zu schützen, müssen wir das auf die digitale Welt übertragen. Sozusagen unsere digitalen Sinne schärfen.

Das heißt nicht, dass wir jetzt alle zu Cyber-Nerds werden und ständig die neuesten Hacker-Nachrichten lesen und selbst Antivirensoftware programmieren müssen. Aber es hilft auch schon, das digitale Äquivalent zu „Schimmel am Brot = schlecht" zu kennen. Und es gibt ein paar einfache Tricks und Methoden, mit denen wir uns absichern können.

Schritt Nummer 1: die wichtigsten Gefahren kennen. Zum Beispiel durch Fake News.

Fake News und Verschwörungserzählungen

Vielleicht fragen Sie sich jetzt, was Fake News und Verschwörungserzählungen mit Internetsicherheit zu tun haben. Und Sie haben recht. Schließlich kann eine ausgedachte Meldung Ihrem Bankkonto oder Ihrem Smartphone nichts anhaben. Das heißt nicht, dass Fake News nicht trotzdem ein Hack sind: Die Lüge „hackt" sich in Ihr Gehirn und manipuliert Sie vielleicht unbewusst. Es ist nicht die erste gefälschte Nachricht, die Sie auf einmal an Verschwörungserzählungen glauben lässt. Vielleicht auch nicht die zweite oder die dritte. Aber mit jedem Mal, wenn Sie eine Nachricht, eine Überschrift oder ein Zitat auf Ihrer Facebook-Seite lesen, wächst der Zweifel: „Was ist, wenn doch etwas dran ist?"

In meiner Zeit in den USA habe ich erlebt, was Fake News und Verschwörungserzählungen mit einer Gesellschaft machen, die permanent nach News dürstet und demzufolge auch mit Nachrichten bombardiert wird. Stichwort: Donald Trumps Wahl zum US-Präsidenten oder seine Zeit im Oval Office. Es war eine Zeit, in der friedliebende Nachbarn wegen eines lapidaren Facebook-Posts mit einer erfundenen Nachricht zu erbitterten Feinden wurden und bis heute auch geblieben sind. Wenn Menschen anfangen zu sagen: „Ich habe eben meine Wahrheit und du deine", bedroht das ihr Leben mindestens genauso wie ein gehacktes Smartphone. Fake News infiltrieren unsere Gesellschaft von innen.

Aber wir müssen gar nicht nach Amerika schauen, um die Folgen von Fake News und Verschwörungserzählungen zu spüren. Als die sogenannten Querdenker durch deutsche Städte zogen, waren viele schon von so viel Desinformation indoktriniert, dass sie kaum noch für andere Argumente offen waren. Sie wähnten sich in einer Diktatur und verglichen die Bundesrepublik wahlweise mit der DDR oder dem Naziregime. Jedes Widerwort und jede Kritik, die nicht in ihr Weltbild passte, taten die Querdenker ab. Alles, was nicht in ihre Geschichten passte, wurde als Lüge und Manipulation bezeichnet. Die Gruppierung immunisierte sich anstatt gegen das tödliche Virus gegen Aufklärung und wissenschaftliche Erkenntnisse. Die Menschen verzogen sich in geschlossene Chatgruppen, meistens auf dem Messengerdienst Telegram. Dort waren sie fast immer unter sich und wenn nicht, brüllten sie andere Meinungen konsequent nieder.

Geschlossene Gesellschaften

In diesen oft bizarren Parallelwelten, auch Filterbubbles (Filterblasen) genannt, vernetzen sich Menschen miteinander, die sich vermutlich nie im Leben getroffen hätten. Hier verwandelte sich eine der fabelhaftesten Eigenschaften des Internets, die Vernetzung von Menschen über Entfernungen und Grenzen hinweg, in einen schweren Morast aus Wut und Hass. Dabei behandelten die meisten Beiträge nur vordergründig das Coronavirus. In Wahrheit sind solche Gruppen schon lange ein

Sammelbecken für alle, die sich von der Mehrheitsgesellschaft ausgeschlossen fühlen, den sogenannten Mainstream-Medien nicht trauen und Politiker verachten. Die Fakten sind diesen Gruppen egal, die Erzählung ist immer die gleiche: „Die da oben belügen und unterdrücken uns. Nur wir wissen die Wahrheit, alle anderen stecken entweder mit den Politikern unter einer Decke oder sind naiv." Die Schnittmenge derer, die 2015 gegen Flüchtlinge auf die Straße gingen oder die Flüchtlingssituation negativ unter Facebook-Posts von Zeitungen kommentierten, und denen, die das jetzt gegen Corona tun, ist erstaunlich groß. Waren es 2015 eher Facebook-Gruppen, in denen sie sich trafen, sind es heute eben Telegram-Gruppen, in denen hemmungslos gehetzt wird. Und diese Hetze verpacken sie in Fake News und verteilen sie im Netz.

Das Phänomen der Desinformation ist nicht neu. Der Kampf um die Wahrheit, den wir heute beobachten, ist so alt wie die Menschheit. Er ist nur extremer geworden, je stärker wir Menschen uns vernetzt haben. Früher wurden Nachrichten mündlich oder handschriftlich verbreitet, dann kam durch Johannes Gutenberg und seiner Erfindung des Buchdrucks das Massenmedium. Über das Radio und den Fernseher leben wir heute in einer Welt, in der eine Nachricht nicht mehr Wochen oder Monate, sondern nur Sekunden braucht, um sich über die Welt zu verteilen.

Der ewige Kampf um die Wahrheit

Gerade politische Desinformation von Staaten zur Destabilisierung von feindlichen Ländern läuft oft nach dem gleichen Schema ab. Meist geht es in der Desinformation um Dinge, vor denen Menschen Angst haben oder die sie streiten lassen. Das können schon banale Themen sein, zum Beispiel ein Gerücht, dass der beliebteste Sportler eines Landes seine größten Erfolge nur mithilfe von Doping erreicht hat. Um diese Geschichte glaubhaft zu machen, fälschen Akteure zum Beispiel Dokumente, Fotos oder Videos und verteilen sie über die Medien. Mit ein bisschen

Glück und Hartnäckigkeit verfängt das Gerücht und kann den beabsichtigten Schaden anrichten: Die Menschen streiten, werden misstrauisch und wissen am Ende nicht mehr wirklich, was wahr oder falsch ist.

Desinformation ist eine reale Gefahr für unsere Gesellschaft und wird von vielen Staaten immer noch ausgenutzt. Die EU warnt in einem Sonderbericht davor, dass Länder wie Russland oder China Desinformation nutzen, um Einfluss auf uns zu nehmen.

Das können wir gerade live beobachten. Während ich diese Zeilen schreibe, führt Russland in der Ukraine einen brutalen Krieg. Wir erleben diesen Krieg über soziale Netzwerke fast in Echtzeit mit. Ich weiß nicht, wie es Ihnen geht, aber meine Feeds sind voller Bilder und Videos aus der Ukraine. Mal zeigen sie Abschüsse von russischen Kampfjets, mal Opfer von russischen Bomben und zerstörte Dörfer und manchmal den Kiewer Bürgermeister Vitali Klitschko in Soldatenmontur mit Maschinengewehr. Nur: Ich kann nicht immer sagen, welche der Informationen echt sind und welche falsch.

Das Problem ist, dass viele Bilder und Videos tatsächlich echt sind, jedoch in den falschen Kontext gesetzt werden. Das Foto von Vitali Klitschko beispielsweise wurde oft mit dem Zusatz verteilt, dass der ehemalige Boxer jetzt an der Front kämpfen würde. Das stimmt aber gar nicht. Das Foto ist 2022 bereits ein Jahr alt und zeigt ihn bei einer Übung mit der ukrainischen Armee.

Die russische Regierung nutzt solche Falschinformationen auch gezielt aus und investiert sehr viel Geld in ihre Verteilung. Die EU geht davon aus, dass das russische Programm zur Desinformation jährlich 1,2 Milliarden Euro kostet. Dabei entstehen zum Beispiel Videos vom ukrainischen Präsidenten Wolodymyr Selenskyj, in dem er die Kapitulation der Ukraine erklärt. Das Video ist eine Fälschung, ein sogenannter Deep Fake. Mithilfe von künstlicher Intelligenz und maschinellem Lernen können Programme inzwischen Menschen Dinge sagen und tun lassen, die nie passiert sind.

Das Internet macht es den Schwurblern leichter

Mit dem technologischen Fortschritt haben es Fake-News-Macher und Verschwörungsschwurbler heute ungleich leichter als früher. Die traditionellen Medien haben längst nicht mehr denselben Einfluss wie früher. Heute kann jeder mit einem Smartphone zum Sender einer Botschaft werden. Auf unzähligen Webseiten und sozialen Medien kann jeder alles behaupten. Und Propagandisten können sich auf zahlreiche Menschen verlassen, die ihnen – meist unwissentlich – helfen. Zum Beispiel, indem sie Fake News unwissentlich und ungefiltert fleißig weiter verteilen.

Dabei überfluten sie uns mit so vielen halbwahren oder komplett ausgedachten Geschichten, dass wir langsam, aber sicher das Vertrauen in Mainstream-Medien und deren Informationen verlieren. Kein Wunder: Unsere Welt ist so komplex geworden, dass wir gar nicht die komplette Übersicht aufrechterhalten können. An der Debatte um die Corona-Impfung konnten wir das einmal mehr gut beobachten. Die übergroße Mehrheit der Menschen freute sich, dank der Impfung endlich wieder ein halbwegs normales Leben führen zu können. Die Querdenker sahen in dem lebensrettenden Impfstoff das Ende der Menschheit kommen. Er mache unfruchtbar und sei wahnsinnig gefährlich. Manche glaubten sogar, mit der Impfung winzige Computerchips implantiert zu bekommen. Nichts davon stimmt, aber ständig zu lesen, dass die Impfung beispielsweise „gefährlich" sei, kann jeden von uns ins Grübeln bringen.

Die Medien müssen auch noch lernen, mit der Digitalisierung umzugehen

Die Medien können uns dabei nur bedingt helfen. Die vertrauenswürdigen unter ihnen sind rund um die Uhr damit beschäftigt, Fakten zu checken und Desinformationen zu korrigieren – was ungeheuer schwer ist. Denn einmal in der Welt, lässt sich eine halbwegs plausible Nachricht nur schwer wieder „einfangen". Ich muss an dieser Stelle auch deutlich werden, weil ich es selbst erlebt habe: Medien sind nicht gleich Medien. Doch jeder Journalist sollte sich fragen, ob er oder sie eine Nachricht nur verbreitet, weil sie besonders viele Klicks bringt – oder ob es sich wirklich um belegbare Informationen handelt. Sonst kommt folgerichtig irgendwann die Frage auf, wozu wir die traditionellen Medien überhaupt noch brauchen, wenn diese genauso ungefiltert kommunizieren wie der halbwissende Nutzer im Netz.

Vielleicht lesen Sie gerade oft in Medien den Zusatz, dass die Behauptungen „nicht überprüfbar" sind. Der Grund für diesen Zusatz lautet, dass sorgfältig arbeitende Medien keine Propaganda verbreiten wollen. Doch er zeigt gleichsam die Grenzen des journalistischen Arbeitens: Nur wenige Medien haben eigene Reporter in Kriegsgebieten, die aussagekräftig sowohl die eine als auch die andere Behauptung hinterfragen und beurteilen können.

So traurig es ist: Desinformation funktioniert deshalb so gut, weil unser Gehirn fast genauso funktioniert wie in den letzten Jahrtausenden. Vereinfacht gesagt: Wir stürzen uns auf Informationen, die uns Angst machen oder uns vor einer Gefahr warnen, weil unser Fluchtreflex anspringt. Wir glauben viel eher Geschichten, die unser Wissen bestätigen, weil unser Gehirn Widersprüche nicht ausstehen kann. Wir klicken lieber auf die einfache Erklärung, weil sie uns nicht überfordert. Forscher der Universität in Michigan haben gezeigt, dass wir viel stärker auf schlechte Nachrichten reagieren und sie viel eher anklicken. Oder wann haben Sie das letzte Mal ganz bewusst die „gute" Nachricht ausgewählt?

Wir haben ein Immunsystem gegen Verschwörungserzählungen – es ist nur unterschiedlich stark ausgeprägt

Auch wenn wir immer wieder Fake News und Verschwörungserzählungen in unsere Timelines gespült bekommen, gibt es Menschen, die scheinbar resistenter gegen den Einfluss des stetigen Stroms erscheinen. Ich glaube zum Beispiel, nur weil Sie mal eine Falschinformation gelesen und für bare Münze genommen haben, werden Sie kaum sofort der nächsten Querdenker-Telegram-Gruppe beigetreten sein. Das hat gute Gründe: Sie müssten sich schon bewusst darauf einlassen. Damit die Desinformation wirkt, braucht sie einen gedanklichen Nährboden. Das ist zum einen eine Meinung, die grundsätzlich mit der Nachricht übereinstimmt. Und dann ist da die grundlegende Skepsis gegenüber dem bestehenden System, also zum Beispiel *den* Medien, *den* Politikern oder – im Fall von Corona – *der* Wissenschaft oder einfach allen zusammen, also „denen da oben". Erst jetzt kann die Desinformation ihre ganze Kraft entfalten. Und sie wirkt umso besser, je schwächer die Medienkompetenz ist und je weniger vielfältig der eigene Medienkonsum ist.

Wer einmal in den Strudel solcher Bewegungen gerät, findet nur schwer wieder hinaus. Gerade wer lange Zeit damit verbringt, Fake News und Verschwörungserzählungen zu lesen, hat schnell das Gefühl, Teil einer verschworenen Gemeinschaft zu sein – einer, in der nur die *eine* Wahrheit gilt. In verschlossenen Chatgruppen findet man immer wieder Bestätigung und Hilfen, sich gegen Widerspruch von außen – zum Beispiel aus der Familie – zu immunisieren. Irgendwann sind Betroffene so tief in der Szene verschwunden, dass sie nicht mehr zurückkönnen. Sie werden eins mit den Inhalten der eigenen Filterbubble. Sie haben das Gefühl, zu viel zu verlieren, wenn sie alles, wofür sie vorher verbissen gekämpft haben, auf einmal als falsch anerkennen müssten.

Verschwörungserzählungen bringen Leid mit sich

Wenn es so weit kommt, kann das Familien auseinandertreiben und zerstören. Man redet kaum noch miteinander oder nur noch aneinander vorbei. Oder sogar noch Schlimmeres. Wie schlimm, zeigt eine traurige Geschichte aus Brandenburg. In der Nacht zum 3. Dezember 2021 erschießt der Berufsschullehrer Devid R., gerade mal 40 Jahre alt, seine Frau, seine drei Töchter und schließlich sich selbst. Ein beliebter, beruflich und familiär gebundener Mann, der während der Coronapandemie in kruden Verschwörungserzählungen versinkt. Irgendwann spricht er nicht mehr nur über das Coronavirus, sondern in diesem Zusammenhang auch über eine vermeintliche jüdische Weltverschwörung. Ein ganzes Bündel an verschiedenen Erzählungen prägt seine Weltsicht, Devid R. versinkt in Angst und distanziert sich letztlich immer mehr von der Gesellschaft. Frühere Freunde und Verwandte finden keinen Zugang mehr zu ihm. Im Wahn tut er das Unbegreifliche und tötet seine eigene Familie.

Die Geschichte von Devid R. ist wohl das schlimmste private Ende einer Eskalation durch Fake News und Verschwörungserzählungen. Aber selbst wenn die Betroffenen nicht gewalttätig werden, muss das Umfeld vieles erdulden – zum Beispiel, wenn die Verschwörungserzähler versuchen, andere zu überzeugen. Auch im Alltag, zum Beispiel bei der Arbeit, gibt es immer wieder Situationen, in denen wir mit Opfern von Fake News und Verschwörungserzählungen konfrontiert werden. Selbst meine Mutter hat mir am Anfang der Coronakrise immer wieder von einem angeblichen Heilmittel erzählt, von dem alle im Internet sprechen. Als ich genauer nachfragte, erzählte sie mir von dem Mittel Ivermectin. Mir war sofort klar, dass dieses Mittel wohl kaum helfen wird, was auch groß angelegte Studien inzwischen bewiesen haben – zumindest nicht gegen Corona. Ich kenne Ivermectin als Wurmmittel zur Anwendung bei meinen Pferden und Hunden sowie bei Kleinkindern.

Dabei sind es oft gute Absichten, die Menschen mit Verschwörungserzählungen in Kontakt bringen. Ein Freund von mir wollte seiner Mutter, die schon lange im Rentenalter ist, etwas Gutes tun und erstellte ihr einen Facebook-Account, damit sie mit den Mitgliedern ihrer Gemeinde besser in Kontakt bleiben konnte. Die Gemeinde hat eine Facebook-Gruppe und viele der Mitglieder beteiligen sich dort. Facebook gefiel der Mutter meines Freundes offensichtlich, denn sie schwärmte immer wieder davon, dass sie auch eine weitere Gruppe gefunden hätte, mit noch viel mehr Freunden, mit denen sie viel schreiben würde. Das machte meinen Freund stutzig und er schaute sich an, mit wem seine Mutter da so kommunizierte. Das erschreckende Ergebnis: Es war ein Haufen Rechtsradikaler. Die gute Frau hatte eine Community gefunden, in der sie gut ankam, in der die Menschen auf ihre Nachrichten reagierten und ihr gut zuredeten. Ohne es zu wissen, war die Frau in eine nationalistische und rassistische Gruppe gerutscht.

Wie Sie Menschen aus dem Strudel helfen

In solchen Fällen ist es gut zu wissen, wie Sie reagieren können. Denn wer schon einmal mit jemandem diskutiert hat, der von solchen oder ähnlichen Ideen überzeugt ist, weiß, wie frustrierend und manchmal angsteinflößend solche Gespräche ablaufen können. Vor allem, wenn die Menschen aggressiv auf Widerspruch reagieren. Auf den ersten Blick mag es anstrengend und sinnlos erscheinen, sich mit radikalen Positionen auseinanderzusetzen – besonders, wenn sie von der eigenen Familie verbreitet werden. Es ist aber entscheidend, früh zu handeln, denn sonst kann der Strudel aus Fake News und Verschwörungserzählungen zu stark werden.

Es kann sehr lange dauern, bis sich jemand aus diesem Strudel befreien kann. Wie lange, zeigt das Beispiel des Sängers Xavier Naidoo. Der hat sich in den letzten Jahren immer stärker radikalisiert und auf Telegram viele Verschwörungserzählungen geteilt. Im April 2022 ist dann etwas passiert: In einem Video erklärt er, dass er jahrelang in einer Blase gefangen gewesen war, sich von Verschwörungserzählungen „blenden" und sich zum Teil „instrumentalisieren" lassen habe. All das habe er nicht genügend hinterfragt. Naidoo beschreibt in dem Video, wie seine Frau und seine Familie lange mit ihm gesprochen und ihm so aus der Blase herausgeholfen hätten.

Selbst der größte Schwurbler bleibt eins: ein Mensch

Das Wichtigste zuerst: Bleiben Sie bei Gesprächen mit Betroffenen immer respektvoll und empathisch, auch wenn das schwerfällt. Schon 2008 haben amerikanische Forscher der Universität Texas in Austin beschrieben, dass viele Menschen, die im Desinformationswirrwarr einer Filterblase versinken, oft gleichzeitig in schwierigen Lebenssituationen stecken. Für die Menschen sind solche Situationen ein Kontrollverlust, sei es durch Arbeitslosigkeit, einen Trauerfall in der Familie oder lange andauernde Einsamkeit. Kontrolle spielt aber eine wichtige Rolle in unserer Psyche. Sie kennen das vielleicht, wenn Sie nervös werden, wenn Sie in eine Polizeikontrolle geraten, selbst wenn Sie sich nichts vorzuwerfen haben. In Phasen, in denen Menschen lange keine Kontrolle herstellen können, versuchen sie es auf psychologischem Wege – zum Beispiel mit Verschwörungserzählungen, weil die oft ein klares Weltbild mit eindeutigen Feindbildern beschreiben.

Diese Menschen als Spinner und Verrückte zu brandmarken hilft nicht weiter. Ablehnung und Ausgrenzung treiben sie dann meist nur noch weiter weg. Die Psychologin Pia Lamberty empfiehlt, sich bewusst zu machen, dass die Verschwörungserzählungen nur ein Teil der Identität der Betroffenen sind. Außerdem berichten viele Filterbubble-Aussteiger von einer Bezugsperson, die während der ganzen Zeit an ihrer Seite war und ihnen in der schwierigen Situation geholfen hat. Das hat den Betroffenen beim Ausstieg geholfen. Oft reicht es, einfach nur da zu sein und den Alltag miteinander zu leben – ein Ausflug oder ein gemeinsames Kaffeetrinken kann oft Wunder wirken. So wie es vermutlich die Familie von Xavier Naidoo getan hat.

Überzeugungsarbeit funktioniert am besten, wenn Sie einen Denkprozess bei den Betroffenen anstoßen. Hier lohnt es sich, auf die Unstimmigkeiten hinzuweisen, die bei vielen Fake News oder Verschwörungserzählungen auftauchen. Psychologen erklären, dass so erste Zweifel an den Verschwörungserzählungen aufgebaut werden können. Wenn Ihr Gegenüber zum Beispiel behauptet, mit der Corona-Impfung würden winzig kleine Computer in unsere Blutbahn injiziert, die uns beeinflussen würden, versuchen Sie nicht gleich zu sagen „Das stimmt nicht!" Fragen Sie stattdessen lieber nach dem Sinn dieser Computer und warum wir diese nicht schon längst auch im Alltag benutzen. Es wäre schließlich eine fantastische Technik, mit der man die Menschheit von vielen Krankheiten heilen könnte. Der Erfinder könnte doch sofort weltberühmt und stinkreich werden. Nehmen Sie sich dafür Zeit. Genau wie bei Ihnen Verschwörungserzählungen nicht bei der ersten Gelegenheit verfangen, werden Ihre Gegenargumente nicht sofort funktionieren. Bleiben Sie geduldig und hartnäckig, suchen Sie immer wieder das Gespräch. Lassen Sie sich die Quellen zeigen – so finden Sie heraus, wo der Betroffene sich in den Verschwörungserzählungen verfangen hat. Zeigen Sie der Person, welche Nachrichten Sie lesen, wo Sie Ihre Informationen herhaben und erklären Sie, warum Sie denen vertrauen.

Vergessen Sie sich aber selbst nicht. Kennen Sie Ihre eigenen Stärken und Grenzen. Wenn Sie das Gefühl haben, gegen die Versatzstücke aus Videos und Aussagen von vermeintlichen Experten nicht mehr anzukommen, suchen Sie sich Hilfe. Das können andere Familienmitglieder sein oder notfalls auch professionelle Stellen, wie die Sektenberatung. Das mag abwegig klingen, aber tatsächlich bieten zum Beispiel die Sektenberatungen in vielen Bundesländern Hilfe in solchen Fällen an. Und so schmerzhaft das sein kann – am Ende kann es notwendig werden, den Kontakt abzubrechen, wenn er zu belastend wird.

So erkennen Sie Fake News

Um nicht selbst in den Sog von Fake News und Verschwörungserzählungen zu geraten, ist es wichtig, aufmerksam zu sein. Vielleicht fragen

Sie sich häufiger, wenn Sie in den sozialen Netzwerken über eine Aussage stolpern, die Ihnen auf den ersten Blick sonderbar erscheint: Kann das sein?

Es gibt vier einfache Fragen, mit denen Sie Meldungen schnell als Desinformation identifizieren können:

1. Wer hat den Artikel geschrieben?

Keine Sorge: Sie müssen keine Liste von Journalisten auswendig lernen, um Fake News zu erkennen. Achten Sie auf das Umfeld des Artikels. Ist klar zu erkennen, wer der Absender des Posts ist? Hat die Webseite, die den Artikel veröffentlicht, ein Impressum? Werden andere Seiten und Quellen genannt, die glaubwürdig sind? Erscheinen dort auch Artikel über Ufos und Bigfoot? Viele Fake-News-Schleudern sehen zwar äußerlich sehr professionell aus, wer aber länger auf der Seite herumklickt, merkt schnell, dass dort fast nur ausgedachte Artikel erscheinen, die auf Panikmache aus sind.

2. Wie ist die Überschrift formuliert?

Überschriften sind dazu da, Aufmerksamkeit zu erheischen und uns zu emotionalisieren. Journalisten wissen das. Sie formulieren die Überschrift oft so, dass sie unser Interesse weckt und wir auf den Artikel klicken. In Desinformationskampagnen wird das aber noch verstärkt, indem die Überschrift noch reißerischer und noch angsteinflößender formuliert ist. Das bewegt Menschen oft dazu, nur die Überschrift zu teilen, ohne den dazugehörigen Artikel gelesen zu haben. Wenn die Überschrift also besonders reißerisch ist, sollten Sie skeptisch werden.

3. Gibt es die Inhalte auch in anderen Quellen?

Wenn Ihnen auf Facebook ein Artikel vorgeschlagen wird, in dem von einem brutalen Mord berichtet wird, der in keinem anderen Medium auftaucht, merken Sie schnell, dass die Meldung nicht stimmen kann.

Schwieriger wird es bei vermeintlichen Zitaten, die Politikern untergeschoben werden. Dafür müssen Sie schon ein bisschen tiefer in die Welt der Faktenchecks eintauchen. Aber keine Sorge: Hier kann Ihnen eine Suchmaschine helfen. Wenn Ihnen ein Zitat von einem Politiker unglaubwürdig vorkommt, geben Sie es doch einfach in die Google-Suchleiste ein. Wenn das Zitat eine Fälschung ist, finden Sie meist schon bei den ersten Treffern Seiten, die sich darauf spezialisiert haben, Fake News zu enttarnen.

Wenn Sie noch professioneller Fakten checken wollen, nutzen Sie die Google-Bildersuche. Mit der können Sie schnell herausfinden, wo das ursprüngliche Bild erschienen ist und in welchem Kontext das war. Das ist auch leichter, als es klingt. Schritt 1: Laden Sie das Foto mit einem Rechtsklick herunter. Schritt 2: Laden Sie das Foto mit einem Klick auf die kleine Kamera im Suchfeld in die Google-Bildersuche. Schritt 3: Untersuchen Sie die Ergebnisse. Ist das Foto in seriöse Nachrichtenseiten integriert? Dort finden Sie meist auch den echten Kontext. Unterscheiden sich die Bildunterschriften bei den Suchergebnissen und beschreiben womöglich ganz verschiedene Kontexte? Dann sind Sie einem Fake auf der Spur. Es ist eine Detektivarbeit, die durchaus Spaß machen kann.

4. Ist das, was ich lese, plausibel?

Wenn ich Ihnen hier in diesem Buch erzählen würde, in den USA gäbe es nur fliegende Autos, werden Sie mir das höchstwahrscheinlich nicht glauben. Davon hätten Sie sicherlich etwas mitbekommen. Dieser Gedanke funktioniert auch bei vielen Fake News. Wie plausibel ist es, wenn ein Instagram-Account behauptet, über geheime Impflabore Bescheid zu wissen, die in ganz Deutschland verteilt sind, über die aber sonst niemand berichtet? Vertrauen Sie auf Ihren gesunden Menschenverstand. Wenn Sie denken, „Das kann doch nicht sein!", ist das ein erstes Warnzeichen.

Fake Shops im Internet

Ich muss hier ein Geständnis machen und eine Geschichte erzählen, die mir schrecklich peinlich ist. Eine Geschichte, die mich ein paar Tausend Dollar gekostet hat, aus der ich aber viel über den Einkauf im Internet gelernt habe.

Während meiner Zeit in den USA benötigte ich ein Auto. Ich wollte kein neues kaufen, sondern ein paar Dollar sparen und habe mich deswegen nach einem gebrauchten umgeschaut. Der Wagen sollte nicht viel können, nur mich und meine Töchter von A nach B bringen, dabei nicht zu viel Sprit verbrauchen und genügend Platz für Einkäufe haben. Zu dem Zeitpunkt kannten den Namen Elon Musk nur Autofreaks und Digitalfans, ein erschwingliches Elektroauto war noch Zukunftsmusik. Also musste ein Benziner her. In den USA ist der Marketplace von Facebook so etwas wie die Ebay-Kleinanzeigen bei uns. Dort bin ich also fündig geworden. Ein uralter Ford hat genau auf meine Anforderungen gepasst. Der Wagen war günstig, was mich eigentlich stutzig hätte machen sollen. Aber ich brauchte möglichst schnell ein neues Auto und war auch ein wenig naiv in der Situation.

Ich habe die geforderte Summe überwiesen, mich auf mein neues Auto gefreut und die Antwort des Verkäufers abgewartet. Leider kam: nichts. Ich habe gewartet, Nachrichten geschrieben und wieder gewartet. Alles umsonst, denn der vermeintliche Verkäufer war mit meinem Geld längst über alle Berge. Der Mitarbeiter meiner Bank hat nur mit den Achseln gezuckt. „Da können wir nichts machen." Bis heute weiß ich nicht, ob das Auto überhaupt existiert hat. Natürlich habe ich mich in dem Moment wahnsinnig geärgert. Nicht nur über den Betrüger, sondern auch über mich. Ich habe viel gegrübelt: Hatte ich etwas übersehen? Gab es Hinweise darauf, dass ich betrogen werde? Eine endgültige Antwort habe ich nie gefunden und irgendwann beschlossen, die Geschichte als Lehre zu betrachten. Seitdem bin ich besonders vorsichtig, wenn ich im Internet etwas kaufe – egal ob es auf einer Secondhand-Plattform oder in einem Onlineshop ist.

Es gibt keine Statistik, wie viele falsche Internetshops es gibt. Ende 2020 hat die Polizei Niedersachsen aber allein für dieses Bundesland Schäden im oberen sechsstelligen Bereich gemeldet. Und laut der Verbraucherzentrale Brandenburg waren 4,4 Millionen Bürger in Deutschland schon mal Opfer eines Fake Shops. Die Täter müssen sich selten vor der Polizei fürchten. Sie sitzen meist im Ausland und benutzen eigens entwickelte Software, um ihre Taten zu verschleiern.

Für uns Verbraucher sind die Shops auf den ersten Blick nur schwer von seriösen Angeboten zu unterscheiden, weil sie real existierende Webseiten nachahmen. Mit schönen Produktfotos, Beschreibungen und günstigen – meist zu günstigen – Preisen locken die Webseiten uns an. Wenn Sie dort bestellen, bekommen Sie entweder – so wie ich – nichts oder nicht das, was Sie bestellt haben. Anstatt der erhofften Kamera zum Beispiel nur eine nachgemachte Plastikversion, mit denen Kinder spielen können. So oder so: Wenn Sie bezahlt haben, ist Ihr Geld höchstwahrscheinlich weg.

Ein bisschen Misstrauen und Wissen über den Einkauf im Internet

Deswegen gilt auch hier: Seien Sie ruhig ein bisschen misstrauisch, wenn Sie vor dem Bildschirm sitzen. Mir haben die folgenden Tipps geholfen, ein bisschen ruhiger im Internet einzukaufen. Denn sind wir mal ehrlich: Ich möchte nicht mehr darauf verzichten.

Das **Impressum** ist in Deutschland Pflicht. Jeder, der im Internet Geld verdienen möchte, muss auf seiner Webseite angeben, wem die Seite gehört. Auch Internetshops. Fehlen im Impressum Angaben oder ist die Adresse ausgedacht – hier kann eine einfache Google-Suche helfen –, sollten Sie dort nicht bestellen. Ähnliches gilt für die **Datenschutzerklärung** und die **AGB**.

Sprache verrät uns sehr viel über unser Gegenüber. Das ist im Internet nicht anders. Für viele Übersetzungsprogramme ist die deutsche

Sprache immer noch schwer, weswegen die Beschreibungen und Texte auf Fake-Shop-Seiten oft voller Rechtschreib- und Grammatikfehler sind. Fällt Ihnen das auf, lassen Sie die Finger weg.

Die **Produkte** sind so günstig, dass Sie geradezu zuschlagen müssen, weil Sie sonst ein besonderes Schnäppchen verpassen. Außerdem finden Sie in Fake Shops oft Produkte, die schwer lieferbar und woanders längst ausverkauft sind. Gerade Jugendliche werden mit Grafikkarten und Videospielkonsolen angelockt und verlieren sehr viel Geld.

Die **Adresse** des Shops passt nicht zu den Produkten oder hat eine Endung, die Sie nicht kennen. Das ist ein Hinweis darauf, dass der Inhalt der Webseite oft verändert wird und nur einen echten Shop vorgaukeln soll.

Wir haben uns inzwischen daran gewöhnt, im Internet zu bezahlen. Fake Shops nutzen das aus und zeigen oft die ganze Palette an **Bezahlmethoden** an: Paypal, Kreditkarte oder Sofort-Überweisung. Erst am Ende des Einkaufs funktionieren die alle auf einmal nicht mehr und es wird auf Vorkasse verwiesen. Brechen Sie den Bestellvorgang am besten gleich ab. Denn Sie werden kaum die bestellte Ware bekommen.

Klicken Sie ruhig mal auf die **Gütesiegel**, die Internetshops anzeigen. Eines davon ist besonders bei deutschen Shops verbreitet: „Trusted Shops". Wenn auf einer Webseite der Link nicht auf ein Zertifikat des Siegelanbieters führt, ist das ein schlechtes Zeichen. Aber auch eine ungewöhnlich große Anzahl von Siegeln sollte Sie misstrauisch machen – viele davon sind ohnehin ausgedacht.

Wenn Sie gern auf **Secondhand-Plattformen** wie Ebay-Kleinanzeigen unterwegs sind, sollten Sie auch dort vorsichtig sein. Egal ob Sie verkaufen oder nicht. Verlassen Sie möglichst niemals die Chatmöglichkeiten der Plattform und klicken Sie keine Links an, die Ihnen geschickt werden. Gerade, wenn es um teurere und beliebte Produkte geht, werden Sie auch auf Betrüger stoßen.

Onlineshopping ist in der Pandemie gewachsen wie nie zuvor. Und auch bei mir stapeln sich häufiger die Pakete. Es ist einfach zu bequem, nach ein paar Klicks am nächsten Tag das Buch, was einem empfohlen wurde, im Briefkasten zu haben. Aber die erwähnten Tipps helfen Ihnen sofort weiter.

Bei Anruf Betrug, bei E-Mail genauso

Was würden Sie machen, wenn eine unbekannte Nummer Sie anruft und Ihnen eine Stimme am Telefon erzählt, dass Ihr Enkel im Krankenhaus liegt und dringend Geld benötigt wird, um ihn zu behandeln? Vermutlich nichts. Klar, Sie kennen die Storys rund um die Telefon-Abzocke. Aber viele ältere Menschen lassen sich am Telefon schnell unter Druck setzen und zahlen für ihre Hilfsbereitschaft und Fürsorge einen hohen Preis. Immer wieder warnt die Polizei vor solchen Anrufen, auch „Enkeltrick" genannt, bei denen die Betrüger häufig fünf- bis sechsstellige Summen erbeuten. Die Masche ist fast immer gleich: Die Betrüger rufen an und fordern Geld, das angeblich für einen Verwandten des Opfers gebraucht werden würde. Manchmal ist die Begründung ein Unfall, manchmal eine Festnahme. Damit soll das Opfer unter Druck gesetzt werden. Wenn das gelingt, holen die Betrüger das Geld oft persönlich beim Opfer ab und verschwinden wieder. Erst vor Kurzem ist eine Bekannte fast Opfer dieses Tricks geworden. Ihr Telefon hat geklingelt und der Anrufer hat ihr erzählt, ihre Tochter hätte unter Drogeneinfluss eine schwangere Frau überfahren. Sie forderten 30.000 Euro Kaution für den Richter, und zwar sofort, ansonsten müsse die Tochter sehr lange ins Gefängnis. Das Perfide war: Im Hintergrund haben die Täter eine Sounddatei abspielen lassen, in der ein junges Mädchen geweint und gewimmert hat. Damit wollten sie Druck aufbauen. Meine Bekannte ist zum Glück misstrauisch geworden, aber zunächst hat das Gespräch auf sie authentisch gewirkt.

Wenn Sie jetzt glauben, dass Sie niemals auf so einen scheinbar plumpen Trick hereinfallen würden, möchte ich Sie warnen: Die Betrüger zielen auch auf Sie und passen ihre Strategie an. Mit Erfolg.

Microsoft sammelt Betrugsversuche, die über das Telefon versucht werden, und hat festgestellt, dass über die Hälfte der Fälle an 18- bis 34-Jährige gerichtet waren.

Ich habe noch eine amerikanische Handynummer, die ich geschäftlich nutze. Auf dieser bekomme ich jeden Tag Anrufe von unbekannten Nummern. Nicht nur ein paar, an manchen Tagen sind es Dutzende. In den meisten Fällen sehe ich schon an der Nummer, dass mich mal wieder ein Betrüger erreichen will. Manchmal nehme ich aber ab, besonders, wenn ich im Stress bin oder einen Anruf erwarte. Meist geben sich die Betrüger als Microsoft-Mitarbeiter aus und behaupten, sie hätten an meinem Computer Viren festgestellt. In dem Moment lege ich einfach auf (was Sie übrigens auch tun sollten, wenn Sie jemals so einen Anruf bekommen), denn natürlich ist das eine glatte Lüge. Microsoft würde mich (oder Sie) niemals anrufen. Ich weiß aber, was folgen würde, wenn ich weiter zuhören würde. Der freundliche Mitarbeiter würde mir Hilfe anbieten, die Viren von meinem Computer zu löschen. Dafür müsse er nur auf meinen Rechner zugreifen. Dabei installieren die Betrüger Trojaner, mit denen sie zum Beispiel meine Bankzugangsdaten ausspähen können. Eine andere Strategie ist es, mir die Hilfe vermeintlich günstig zu verkaufen. Auch hier setzen die Betrüger auf Druck, in der Hoffnung, wenigstens ein bisschen Geld zu erbeuten. Wenn Sie jemals solche Anrufe bekommen sollten, ist die einfachste Lösung, aufzulegen oder gar nicht erst ans Telefon zu gehen – insbesondere bei Nummern aus dem Ausland. Installieren Sie niemals Software auf Ihrem Computer, nur weil jemand am Telefon (den Sie nicht selbst angerufen haben) das von Ihnen verlangt. Dann sollten Sie relativ sicher vor solchen Anrufen sein. Eine Sache aber noch: Unsere Eltern leben auch immer digitaler. Viele besitzen einen Computer und ein Smartphone. Reden Sie mit Ihnen über solche Betrugsversuche und geben Sie die Tipps weiter.

Mehr als nervig: Die Spammail

Ich weiß nicht, wie es Ihnen geht, aber wenn ich in mein E-Mail-Postfach schaue, bin ich eine Gewinnerin. Mal habe ich einen Lidl-Einkaufsgutschein gewonnen, mal eine kostenlose Nasen-OP. Und ständig wartet irgendwo ein Paket auf mich. Das sind selbstverständlich alles Spammails, die ich in den Spam-Ordner verschiebe und ignoriere. Bis zu 90 Prozent aller verschickten Mails ist heute Spam. Diese Mails sind viel mehr als einfach nur nervig. Spam ist gefährlich und verursacht jährlich Millionen Euro Schaden.

Die meisten Spammails lassen sich leicht entlarven. Wenn die Spammer in ihren Mails aber E-Mails von existierenden Banken oder Amazon kopieren, wird es schon deutlich schwieriger, Fake von echten E-Mails zu unterscheiden. Achten Sie bei Mails immer sehr genau auf die Sprache. Ihre Bank oder Amazon wird keine Rechtschreibfehler in die Mails einbauen. Eine kuriose Nebenerscheinung ist dabei unser Alphabet. Unsere Äs, Üs und Ös helfen uns gegen Attacken, weil sie auf den ausländischen Tastaturen fehlen.

Sicher kann man fragen, warum Menschen immer noch auf solche E-Mails hereinfallen, wo sie doch scheinbar so leicht zu entlarven sind. Oft sind Achtlosigkeit, Unwissen oder Naivität die Gründe, warum wir auf Links klicken oder Betrügern antworten. Ich glaube nicht, dass wir immun gegen Betrugsversuche aus dem Internet sind. Stellen Sie sich die Spammer wie Fischer vor, die im Ozean fischen. Dabei benutzen sie ein so riesiges Netz, dass sie immer wieder genug Fische fangen, um ordentlich Gewinn zu machen.

Hilfe zur Selbsthilfe: Fünf Tipps, um sicherer im Internet zu surfen

Ich glaube fest daran, dass wir uns im Internet gegen Fakes und Betrüger verteidigen können. Wir müssen nur lernen, die richtigen Werkzeuge anzuwenden. Sie sind nicht sonderlich kompliziert, und ich verspreche Ihnen, dass Sie ein besseres Interneterlebnis haben werden, wenn Sie sie beherzigen.

1. Abonnieren Sie Medien, denen Sie vertrauen
Um sich gegen Fake News und Verschwörungserzählungen zur Wehr zu setzen, braucht es nicht viel. Nur Medien, denen Sie vertrauen. Die meisten großen Zeitungen bieten inzwischen Digitalabonnements an. Außerdem gibt es auf den meisten Nachrichtenseiten inzwischen einen sehr praktischen Service: Tageszusammenfassungen. Die Medien haben verstanden, dass die wenigsten Menschen genügend Zeit haben, jeden Artikel zu lesen und setzen inzwischen auf Newsletter, in denen sie die wichtigsten Ereignisse des Tages zusammenfassen. Aber verlassen Sie sich am besten nicht nur auf ein Medium. Lesen Sie quer und schaffen Sie sich mit unterschiedlichen Medien einen eigenen Überblick.

2. Haben Sie ein gesundes Maß an Misstrauen
Eine Prise Skepsis hat noch nie geschadet. Das gilt nicht nur für Informationen, die Sie lesen, sondern auch für Angebote, die Ihnen über den Weg laufen, oder E-Mails, die in Ihrem Postfach landen. Egal was die Zukunft noch für Technologien hervorbringen wird, Betrüger wird es immer geben. Ein bisschen Misstrauen kann Ihnen helfen, nicht auf die glitzernden Versprechen (der neuen Technik) hereinzufallen.

3. Leisten Sie sich mal den Luxus, keine Meinung zu haben
Eine Sache habe ich in den vergangenen Jahren gelernt: Ich muss nicht mehr bei jedem Hype dabei sein, auch wenn mich interessiert, was andere gut finden. TikTok zum Beispiel habe ich mir lange angeschaut und irgendwann entschieden, dass ich die App zwar weiter behalten, aber nicht aktiv nutzen werde. Sie passt einfach nicht in mein Leben – trotz Hype. Genauso ignoriere ich die meisten Kommentarspalten.

Ich weiß, dass es manchmal schwerfällt, aber leisten Sie sich auch mal den Luxus, keine Meinung zu haben. Sie werden sehen, auf einmal lässt es sich viel leichter durchs Internet surfen.

4. **Lassen Sie sich nicht stressen**
Egal ob es sich um Trickanrufe, Spammails oder das neueste Superangebot bei der Urlaubsplattform handelt – treffen Sie keine Entscheidungen, ohne darüber nachzudenken. Unsere Gehirne sind Digitalneulinge und Betrügern mit ihren psychologischen Tricks oft unterlegen. Die wissen das und nutzen das gnadenlos aus, indem sie uns ständig stressen und unter Druck setzen. Das sollten wir uns nicht gefallen lassen und zur Not tun, was uns Peter Lustig in „Löwenzahn" beigebracht hat: „Abschalten!"

5. **Nutzen Sie die technischen Hilfen**
Ich benutze auf meinem Laptop einen Passwortmanager, mein Mailprogramm hat einen Spamfilter, ein VPN-Client schützt meine Daten und ein Virenprogramm meinen Computer. Mit einem Passwortmanager kann ich deutlich kompliziertere – und damit sicherere – Passwörter einrichten, weil ich sie mir nicht mehr merken muss, sondern direkt aus dem Passwortmanager bei der Anmeldung auf Webseiten einfügen kann. Der VPN-Client verschleiert meinen Standort und verschlüsselt meine Daten, die ich ins Internet sende, sodass mein Fußabdruck im Internet quasi unsichtbar wird. Dadurch fühle ich mich verhältnismäßig sicher, wenn ich meinen Computer anmache. Falls Sie keine Lust und Zeit haben, sich in verschiedene neue Schutzprogramme einzuarbeiten, lautet meine Empfehlung: Nutzen Sie wenigstens den Passwortmanager, den Sie bei den meisten Smartphones in den Einstellungen finden. Allein schon, weil er das Leben viel einfacher macht. Das ist eigentlich genau das, was wir uns von Sicherheitstechnologien wünschen: Vereinfachung! Schade, dass es nicht immer so ist.

REDDIT.COM – FÜR JEDEN WAS DABEI: DIE SUCHE NACH DEM PERFEKTEN SUBREDDIT

Es gibt einen Ort im Internet, den Sie vermutlich nicht kennen, der aber trotzdem die Macht hat, die Weltwirtschaft zu beeinflussen und in Deutschland einen Mann (fast) zum Kanzler zu machen: Es ist die Seite reddit.com.

Wenn Sie jetzt fragen: Hä? Was soll das denn sein?, möchte ich Sie direkt aufklären. Reddit ist ein sogenannter Social-News-Aggregator, der sich in Untergruppen organisiert, den Subreddits. Die gibt es für jedes – ich meine wirklich JEDES – Thema. Es gibt ein Subreddit für Fotos von Katzen, die auf Pizzakartons sitzen (ja, wirklich!). Es gibt Subreddits für Länder, Städte, Näharbeiten, Bonsaipflege. In den Subreddits posten die Nutzer alles, was sie für relevant halten: Das kann ein Bild sein, ein Text (zum Beispiel mit einer Frage) oder ein Video. Alle anderen haben dann die Möglichkeit, die Beiträge zu kommentieren und zu bewerten. Daumen hoch für spannende Beiträge, Daumen runter für Beiträge, die nicht gefallen.

Jeden Tag verbringen knapp 52 Millionen Menschen Zeit in den Subreddits, die meisten aus den USA. Aber auch in Deutschland wird die Seite immer bekannter. Unter anderem dafür, Martin Schulz fast zum Kanzler gemacht zu haben. Gut, ich übertreibe, aber die Geschichte, wie ein Subreddit einen Hype um Schulz erzeugt hat, der selbst in den Talkshows des öffentlich-rechtlichen Rundfunks auftauchte, ist zu faszinierend. Sie geht so: Am 24. November 2016 postet der Nutzer „Nimelrian" ein Foto mit Martin Schulz als Zugführer und den Worten „Tschu Tschuuuuuuuu". Zu diesem Zeitpunkt war noch nicht klar, dass Martin Schulz Kanzlerkandidat der SPD werden wird. Die Parodie auf den „unstoppbaren Trump-Train", den Anhänger des ehemaligen amerikanischen Präsidenten Donald Trump ausgerufen haben, kommt bei den Nutzern auf Reddit gut an. Sie fangen an, das Narrativ aufzugreifen und selbst mit Fotobearbeitungssoftware Martin Schulz in Züge zu montieren. Die Fotos fluten die deutschsprachigen Subreddits und die Medien springen auf. Wer sich erinnert: Die Titelzeilen der großen Zeitungen waren voll mit Anspielungen auf den „Schulzzug" und bei „Anne Will" steht ein junger Mann mit einem „Schulzzug"-Plakat im Publikum. Und irgendjemand programmiert ein Videospiel, in der die Spieler eine Aufgabe haben: den „Schulzzug" ins Kanzleramt fahren. Natürlich ist die Sache für Martin Schulz nicht so ausgegangen, wie die Nutzer auf Reddit gehofft hatten, aber für einen kurzen Moment sah es so aus, als ob ein Internetforum eine Kanzlerwahl entscheiden könnte.

Was mich an der Geschichte so fasziniert, ist die Tatsache, dass es keine politische Kampagne war, die sich eine Beratungsfirma in ihren Büros ausgedacht hat, sondern aus einem Witz eines einzelnen Menschen entstanden ist, der eine Eigendynamik entwickelt hat.

Eine ähnliche Eigendynamik gab es auch im Fall „GameStop". Nur hat diese Eigendynamik einige Menschen zu Millionären gemacht, andere in die Pleite gestürzt und einen milliardenschweren Hedgefonds an den Rand des Zusammenbruchs getrieben. Auch diese Geschichte beginnt mit einem kurzen Post, einer Idee. Diesmal im Subreddit

„WallStreetBets", wo sich Aktienanleger austauschen. Das Forum hat einen gewöhnungsbedürftigen Umgangston, denn als der Nutzer Keith Gill vorschlägt, Aktien der Firma GameStop zu kaufen, lachen ihn andere Nutzer erst nur aus. Erst als der Kurs der Aktie auf einmal extrem steigt, merken die anderen, dass Gill einem Hedgefonds auf der Spur ist, der auf fallende Kurse der GameStop-Aktie gewettet hatte. Für die Nutzer im Subreddit wird das zu einem Spiel, denn sie kaufen einfach weiter Aktien, sodass der Hedgefonds Geld verliert – sehr viel Geld! Was hier so kompliziert klingt, ist auch in Realität oft mehr ein Lottospiel als ernsthafte Anlage, aber darum geht es mir hier nicht. Der Mittdreißiger Keith Gill, Finanzanalyst bei einer Versicherung, startete eine Bewegung mit einem einzelnen Post. Etwas, das nur mit Kooperation und dem riesigen Informationsangebot im Internet funktionieren konnte. GameStop ist sozusagen ein Symbol für vieles geworden, was in den Anfangstagen des Internets die große Hoffnung war und mich immer begeistert hat: die Kreativität, die durch die weltweite Vernetzung möglich ist, und wie rasend schnell Menschen Ideen umsetzen können.

    Wenn ich Sie jetzt neugierig gemacht habe, muss ich Sie auch warnen. Wenn Sie die ersten Male auf Reddit unterwegs sind, werden Sie überfordert sein. Die Seite wirkt chaotisch und bemüht sich nicht besonders, Nutzern ein gutes Einstiegserlebnis zu bieten. Da kann es schnell mal passieren, dass Sie neben einem Foto eines Wolfes eine Anleitung zur Programmierung eines Kalenders finden. Aber keine Sorge, mit ein paar Tricks gelingt der Einstieg und Sie finden das Subreddit, das Sie wirklich interessiert.

    Wenn ich schreibe, dass es für jedes Hobby ein Subreddit gibt, dann ist das nicht untertrieben. Die Kunst ist, es zu finden. Nehmen wir mal an, Sie interessieren sich für Bonsaibäume. Der Trick ist (wie so oft im Internet) Google! Um die besten Beiträge zu Bonsai auf Reddit zu finden, ist es am einfachsten, in die Suchmaschine „Site:reddit.com Bonsai" einzugeben. Das Erste, was Sie sehen, wird das Subreddit „Bonsai", eine gute erste Anlaufstelle. Das Gleiche können Sie auch spezifischer machen. Sie suchen ein gutes Geschenk für Ihren dreijährigen Neffen? Wieder hilft die Suche und Sie landen in den Subreddits „Toddlers" und „AskParents", wo Sie definitiv fündig werden.

Meine drei Empfehlungen sind übrigens diese Subreddits: „Cookingforbeginners", „Futorology" und „Aww".

Ich weiß, dass Reddit nicht für jeden etwas ist. Und Ihre Kinder werden vermutlich auch nicht unbedingt Bescheid wissen. Aber wäre es nicht schön, unseren Kindern auch mal sagen zu können: „Wie, das kennst du nicht?"

7 MEIN KIND WILL INFLUENCER WERDEN – GUT SO!

Erinnern Sie sich noch an die Zeit, in der wir alle regelmäßig ins Büro gegangen sind? In der das Wort „Videokonferenz" nur in Zukunftsvisionen vorgekommen ist und wir Kaffee getrunken haben, der aus einer Maschine kam, die vermutlich vor zehn Jahren das letzte Mal richtig gereinigt wurde? Kurz: die Zeit vor Corona und dem Homeoffice.

Selbst wenn Sie diese Zeilen lange nach der Coronakrise lesen werden: Ich bin mir sicher, dass die „gute alte Zeit" nicht mehr zurückgekommen ist. Und ich will ehrlich sein: Ich finde das gut so – und bin damit sicher nicht die Einzige. Die Arbeitswelt hat sich verändert, sie ist moderner geworden, das meiste läuft digital. E-Mails, Kalenderpflege und -synchronisation, Videokonferenzen per Zoom oder Teams – endlich kann ich von zu Hause arbeiten und zwischendrin auch mal eine Maschine Wäsche waschen oder eine Runde mit meiner Hündin gehen, wenn mir danach ist und gerade keine Konferenzen anstehen. Ich ziehe zwar auch im Homeoffice noch eine Hose an, aber ich kenne genügend Menschen, die begeisterte Hemd-oben-Jogginghose-unten-Verfechter sind.

Klar, der Umstieg kam plötzlich und lief ruckelig – vermutlich nicht nur bei mir. Für jedes Gespräch, das ich geführt habe, musste ich eine neue Software herunterladen. Mal war es Skype, dann wieder Zoom oder doch lieber BigBlueButton? Das Programm Teams von Microsoft habe ich bis heute auf meinem Laptop nicht einwandfrei zum Funktionieren gebracht – pure Verzweiflung. Nach und nach hat sich die Situation verbessert. Irgendwie haben wir uns alle mit Homeoffice und Videokonferenzen arrangiert. Jetzt stellen wir nur noch in jeder zweiten oder dritten Konferenz die Fragen: „Könnt ihr mich hören?" oder „Funktioniert dein WLAN nicht oder meins?"

Es ist keine Übertreibung, wenn man sagt, dass die Coronakrise der Digitalisierung der Arbeitswelt einen Raketenantrieb eingebaut hat. Selbst die deutschen Behörden, sonst noch angestaubter als die Familienbibel meiner Eltern, haben auf einmal ein paar Laptops in den Kellern gefunden und die Mitarbeiter ins Homeoffice geschickt. Auf der ganzen Welt sind etliche Büros verwaist und stattdessen die Internetleitungen heiß gelaufen. Es geht also doch!

Aber die Digitalisierung der Arbeitswelt hört nicht mit ein paar Videokonferenzen und Google Docs auf: Dem Steuerberater oder Anwalt wird es bald ergehen wie dem Köhler – sein Beruf stirbt vielleicht nicht aus, aber er wird sich radikal verändern. Das gilt eigentlich für fast jeden Beruf. Schon jetzt übernehmen Computer und Roboter viele Routineaufgaben. Das bedeutet: Wir müssen unsere Kinder auf einen Arbeitsmarkt vorbereiten, auf dem immer weniger Platz für vergleichsweise einfache Tätigkeiten sein wird. Auch hier sind uns junge Menschen mal wieder einen Schritt voraus. Die sogenannte Gen Z will keinen starren 40-Stunden-Job im Büro, die jungen Leute träumen davon, Influencer zu werden.

Neue Jobs für neue Menschen

Ich möchte Ihnen ein kleines Geheimnis verraten: Der letzte Satz war geflunkert! Es stimmt nicht, dass alle Kinder heutzutage Influencer werden wollen. Klar, in Spielzeugläden kann man Influencer-Starterpakete kaufen, mit denen Jugendliche der Einstieg ins Influencer-Leben leicht gemacht wird. In Wirklichkeit gibt es aber keine Studie, die zeigt, dass alle Kinder auf einmal Influencer werden wollen. Gerade bei den Kleinsten sind Polizist und Tierarzt immer noch die beliebtesten Jobs, hat eine Studie des Umfrageinstituts Forsa ergeben. Was aber stimmt: Jugendliche sehen Influencer als einen *normalen* Beruf an, vergleichbar mit Bankkaufmann oder Schreiner. Ein Beruf, der verlockend scheint, ohne Frage: freie Zeiteinteilung, ein Leben am Strand und im Flugzeug und eine Menge Geld. Außerdem verbinden viele Jugendliche mit Influencern eine große Community.

Deswegen ist es auch vollkommen verständlich und in Ordnung, wenn Ihr Kind sagt: „Ich möchte Influencer werden!" Und ich möchte an dieser Stelle ein Plädoyer für den Berufswunsch „Influencer" halten. Influencer sind ein integraler Teil der Realität unserer Kinder. Selbst wir Erwachsene können uns nicht frei machen von Menschen, die soziale Medien nutzen, um sich selbst zu vermarkten – denn nichts anderes sind Influencer. Ich bin zum Beispiel großer Fan von Jamie Oliver, dem Koch. Der hat mit über neun Millionen Followern einen sehr erfolgreichen Instagram-Account, auf dem er Rezepte vorkocht und dafür Töpfe und Pfannen mit seinem Namen darauf bewirbt. Ich habe zwar noch keinen Jamie-Oliver-Pfannenwender in der Besteckschublade, aber mein Bücherregal steht voller Jamie-Oliver-Kochbücher.

Für Jugendliche sind Influencer nicht nur Vorbilder, um ein neues Shampoo oder eine noch bessere Gesichtsmaske zu kaufen. Sie beeinflussen auch, wie unsere Kinder Politik und Gesellschaft wahrnehmen. Deswegen ist das Wichtigste, wenn Ihr Kind den Wunsch äußert, Influencer zu werden: Keine Panik! Denn zuerst ist das lediglich ein Wunsch. Eine Idee. Oder würden Sie es infrage stellen, wenn Ihr Kind den Wunsch äußert, Astronaut zu werden? Eben.

Meine Töchter hatten auch als Kinder Berufswünsche, die nichts mit dem zu tun hatten, was sie heute machen: Die Tierärztin stand ganz oben auf der Liste, was sicher auch daran lag, dass wir immer viel mit Tieren zu tun hatten. Unter meinen Schulfreundinnen gab es eine Zeit, in der alle Model werden wollten – wie viele andere Mädchen in dem Alter auch. Manche haben so getan, als ob sie auf einem Laufsteg laufen würden, obwohl sie nur auf dem Weg zum nächsten Supermarkt waren. Andere haben ihre Ernährung umgestellt oder sehr viel Sport gemacht. Trotzdem werden nur die wenigsten Menschen Model und schon gar nicht so erfolgreich wie Kate Moss, Claudia Schiffer oder Gisele Bündchen.

Aber selbst wenn Kinder anfangen, auf TikTok Tanzvideos zu veröffentlichen, für Instagram Buchrezensionen zu schreiben oder auf Twitch Zocker-Sessions zu begleiten, brauchen sich Eltern nicht gleich Sorgen zu machen, das Ergebnis wird sie in den meisten Fällen positiv überraschen.

Influencer werden: Zufälle gibt's

Begleiten Sie mich auf ein kurzes Gedankenspiel: Der 16-jährige Marcus schraubt leidenschaftlich an seinem Moped herum, jagt nach den besten Schnäppchen für Teile im Internet und kennt gefühlt jeden Menschen, der sich auch für Mopeds interessiert. Marcus ist, so kann man es sagen, ein Moped-Nerd. Jetzt verbringt Marcus, wie die meisten seiner Altersgenossen, auch viel Zeit auf Instagram. Er fängt an, Fotos seiner Maschine zu machen, seinen Fortschritt beim Ausbau und Tuning zu dokumentieren. Zu Beginn liken die Fotos nur seine Freunde, doch mit jedem Foto werden es mehr Likes, fremde Menschen fangen an zu kommentieren und Fragen zu stellen. Welchen Luftfilter kann er empfehlen? Wie fest spannt er die Kette? Marcus hat – im Gegensatz zu mir – Antworten darauf und gewinnt nach und nach mehr Follower. Er versteht, welche Posts besonders gut funktionieren, und irgendwann fragen ihn seine Follower, warum er keine Youtube-Videos hochlädt.

Gleichzeitig fällt er den ersten Firmen auf, die ihm Kooperationen anbieten. Anfangs sind es noch kleinere Firmen, vielleicht Start-ups, die ihm kleinere Geschenke anbieten. Je mehr Follower Marcus gewinnt, desto mehr bringen die Kooperationen ein und immer größere Unternehmen werden auf ihn aufmerksam. Marcus ist auf einmal Moped-Influencer. Nun könnte das Gedankenspiel hier zu Ende sein. Denn tatsächlich funktionieren die meisten erfolgreichen Influencer-Karrieren so. Per Zufall, dem richtigen Zeitpunkt und einer Menge Durchhaltevermögen. Meine jüngere Tochter war mit der aktuell erfolgreichsten TikTok-Influencerin auf einer Schule: Charli D'Amelio. Die junge Frau mit den langen braunen Haaren ist mit kurzen Tanzvideos bekannt geworden und hat inzwischen fast 140 Millionen Follower. Ihre Videos erreichen regelmäßig über 50 Millionen Menschen und ihr Erfolg hat ihre Familie reich und ihre kleine Schwester fast ebenso berühmt gemacht. Die Familie D'Amelio ist ein Millionenbusiness geworden. Die junge Charlie hat aber ihre ersten Tanzchoreografien genauso in ihrem Kinderzimmer produziert wie andere, die heute für eine Handvoll Zuschauer vor der Smartphone-Kamera stehen.

Die meisten Jugendlichen merken übrigens sehr schnell, wie viel Arbeit hinter den Videos steckt, wenn sie ein eigenes Video produzieren: Von der Idee über die Aufnahme bis hin zum Schnitt können schnell ein paar Stunden draufgehen. Ich stelle das immer wieder fest, wenn wir mit BG3000 in den Schulen Besuche von Influencern organisieren. Die erzählen dann von ihrem Alltag, von dem Stress, regelmäßig Inhalte zu produzieren, sich mit negativem Feedback auseinanderzusetzen, den 10-Stunden-Tagen und der Arbeit selbst im Urlaub. Auf den Fotos, in den Videos und Streams sieht das Influencer-Leben meist spannend und sehr entspannt aus, in Wirklichkeit ist es ein knallharter Job. Die meisten Jugendlichen sind sehr abgeschreckt, wenn ihre Helden so offen über die Kehrseiten ihres Berufes reden. Nicht umsonst gibt es immer wieder Influencer, die ihre Karrieren vorzeitig beenden oder zumindest auf Pause drücken, weil sie sich überarbeitet haben. In der Hinsicht ist Influencer also auch schon zu einem sehr normalen Job geworden.

Zurück zu unserem Gedankenspiel: Selbst wenn wir das anders enden lassen, kann Marcus viel aus seinem kurzen Influencer-Dasein mitnehmen. Gehen wir davon aus, dass bei ein paar Tausend Followern Schluss ist, dass Marcus vielleicht die Lust verliert oder einfach nicht das Sendungsbewusstsein hat, um richtig berühmt zu werden. Marcus ist trotzdem besser für einen Arbeitsmarkt der Zukunft gewappnet als viele seiner Klassenkameraden. Warum? Viele Firmen verlagern ihre Werbegelder gerade in die sozialen Netzwerke, weil Fernsehen und Zeitungen ihre Kernzielgruppen nicht direkt erreichen. Stattdessen setzen sie auf Marketingstrategien im Internet, wo sie sich als Marke selbst inszenieren können. Da wird aus dem Chip-Produzenten auf einmal das coole Unternehmen, das bei anderen Marken witzige Kommentare hinterlässt. Selbst die Deutsche Bahn hat inzwischen einen TikTok-Account mit über 100.000 Followern und witzelt dort über die ständige Verspätung der Züge. Menschen wie Marcus haben nahezu spielend die Erfahrung, den Mut und das Wissen angesammelt, um solche Accounts authentisch führen zu können. Mich fragen immer wieder verzweifelte Bekannte, die in hohen Positionen in Unternehmen sitzen, ob ich nicht jemanden kennen würde, der ihre Social-Media-Auftritte verwalten könne. Sie wollten doch jetzt auch in den sozialen Medien stattfinden, würden aber niemanden finden. Ähnlich ist es im Journalismus. Die großen Medien verzweifeln daran, junge Menschen für ihre Inhalte zu begeistern, da diese sich nicht auf den Webseiten informieren, sondern in den sozialen Netzwerken. Die Inhalte dorthin zu übertragen, daran scheitern die Medienhäuser aber immer noch regelmäßig – auch, weil ihnen das Personal fehlt. Denn fest steht: Viele, die Social-Media-Management wirklich gut können, lassen sich das genauso gut bezahlen.

Es geht also nicht unbedingt darum, so berühmt zu werden wie Charli D'Amelio. Ich könnte hier Namen von Influencern auflisten, von denen Sie noch nie etwas gehört haben, die in ihrem Gebiet trotzdem bestens vernetzt und beliebt sind. Teilweise verdienen sie damit auch genug, um davon leben zu können. Eine Freundin von mir ist so ein Fall. Mit den Kooperationen kann sie eine Wohnung in München, ihr Leben und das ihrer Kinder eigenständig finanzieren. Manchmal reicht es aber nicht zum Leben, was sogenannte Nano-Influencer, also besonders kleine Accounts, verdienen. Jen Lauren ist nur nebenberuflich Youtuberin und verdient im Schnitt etwa 200 Euro mit ihren 5.000 Abonnenten. Influencer sein ist eben inzwischen ein vielseitiger Beruf geworden, bei dem die einen Millionen scheffeln und die anderen sich ein bisschen was dazuverdienen.

Ich glaube ja, dass Influencer in Zukunft ein Ausbildungsberuf werden wird. Eine Mischung aus Schauspielerei, Marketing, Fotografie und professionellem Texten sowie Videografieren. Es gibt jetzt schon Lehr- und ganze Studiengänge zum Thema Influencer mit genau diesen Themen. Und auch wenn aus mir wohl keine Influencerin mehr wird, würde mich schon interessieren, was ich in so einem Studium noch lernen könnte.

Erzählen Sie das, was Sie gerade gelesen haben, ruhig Ihrem Kind. Klären Sie auf und nutzen Sie dafür vielleicht ein Video eines Youtubers, in dem er oder sie über die schönen wie schlimmen Seiten dieses neuen Berufes redet. Dafür reicht es, bei der Google-Suche „Burn-out" oder „Ich mache eine Pause" einzugeben. Am besten wäre es, wenn Sie dabei nicht wie die besorgten Eltern klingen, die wir oft sind. Denn wer weiß: Vielleicht steckt in Ihrem Kind der nächste kleine oder große Influencer.

Das Büro ist tot – lang lebe das Büro

In meinem E-Mail-Postfach stapeln sich gerade 2.926 ungelesene E-Mails, ich habe im Schnitt am Tag zwei Videokonferenzen und meine Telefonate will ich wirklich nicht zählen. Ich kommuniziere fast nur noch digital. Das war auch vor Corona, in den USA, schon so. Wenn ich ein Digitalisierungsranking meiner Freunde erstellen müsste, wären die Amerikaner Digitalisierungsweltmeister, während meine deutschen Freunde sich mit einer Teilnehmerurkunde begnügen müssten. Egal um welche Tools es sich handelte, meine amerikanischen Freunde kannten sie schon und hatten sie ausprobiert. Das hatte auch einen guten Grund.

Wir vergessen in Deutschland immer wieder, wie groß die USA tatsächlich sind. Wer sich in New York seinen Frühstücks-Bagel holt und versucht, in Los Angeles jemanden telefonisch zu erreichen, wird höchstens ein verschlafenes „Mmh, hello?" zu hören bekommen. Während ich in Deutschland ohne Probleme morgens aus München mit dem Zug für ein Meeting nach Berlin fahren und abends trotzdem in meinem eigenen Bett schlafen kann, bräuchte ich selbst mit dem Flugzeug für dieses Vorhaben mindestens zwölf Stunden Zeit, wenn ich von New York nach Los Angeles muss. Deswegen ist es kein Wunder, dass die Amerikaner sehr früh die Vorteile von Videokonferenzen festgestellt und genutzt haben. Ich war ziemlich beeindruckt, als ich mich in den USA das erste Mal in ein Meeting einloggte und niemand Internetprobleme hatte, alle Kameras ausgerichtet waren und die Hintergründe nicht aus Wäsche-, sondern digital animierten Bergen bestanden. Auch das Meeting selbst lief anders ab, als ich es heute in Deutschland erlebe. Breakout-Sessions, also kurze Unterbrechungen der großen Konferenz in Kleingruppen, waren normaler Bestandteil eines produktiven Meetings. Screen-Sharing hat auf Anhieb geklappt und wir haben tatsächlich kollaborativ an Problemlösungen gearbeitet. Ich kann mich an sehr wenige Meetings in den USA erinnern, in denen ich irgendwann geistig eingenickt bin, weil ich mal wieder endlosen Monologen lauschen musste – anders hier in Deutschland. Hier unterbricht höchstens die schlechte Internetverbindung den Redebedarf mancher Teilnehmer.

Aber mal im Ernst: Videokonferenzen könnten wirklich produktiv sein, wenn wir Konzepte abseits vom vermeintlich digitalen Konferenztisch suchen würden.

Die Coronakrise hat es geschafft, den Vorsprung der Amerikaner zumindest etwas zu verkürzen und das Stigma der „Heimarbeit" aufzulösen. Aber auch im dritten Jahr der Pandemie habe ich das Gefühl, selbst Führungskräften – gestandenen CEOs – Videokonferenznachhilfe geben zu müssen. Da gibt es immer noch einige Menschen, die ihre Nase offenbar in den Bildschirm pressen, so nah gehen sie an die Kamera heran. Andere vergessen, ihr Mikrofon an- oder wieder auszuschalten. Vom Nächsten ist nur die Stirn- oder Kinnpartie zu sehen. Einer braucht in jedem Meeting fast immer eine neue Kompletteinweisung und ein anderer hadert mit seiner Internetverbindung. Da scheint es kein Wunder zu sein, dass viele Firmen ihre Mitarbeiter wieder zurück ins Büro holen wollen, vor allem, weil ein Recht auf Homeoffice noch dauern könnte. Sollte das doch noch Wirklichkeit werden, bräuchte es aber auch noch eine kleine Kraftanstrengung, denn der dauerhafte Wechsel ins Homeoffice will gut vorbereitet sein.

Gerade für Familien kann die Suche nach einer Kinderbetreuung zu einer Tortur werden. Und so schön und abwechslungsreich es uns erscheint, wenn kleine Kinder ins Meeting platzen: Für die Arbeitsatmosphäre ist das auf Dauer eine Belastung. Die Homeoffice-Freiheit ist auch nicht für jeden das Richtige. Die einen arbeiten von zu Hause entspannter, andere vergessen, dass Arbeitszeit auch irgendwann zu Ende geht, und wieder andere schieben ihre Aufgaben vor sich her. Außerdem höre ich die IT-Abteilungen schon aufstöhnen, wenn sie sich vorstellen, bald auch noch die Heimarbeitsplätze der Mitarbeiter gegen Hacker und Schadsoftware abzusichern. Das sind allerdings lauter Dinge, um die wir uns auch schon vor drei oder fünf Jahren hätten kümmern können, die uns jetzt aber überrollen.

Trotzdem prophezeie ich hier, dass diejenigen Firmen einen großen Fehler begehen, die den Arbeitsplatz wieder ans Büro ketten wollen. Denn das würde sie viele Mitarbeiter kosten. Qualifizierte Mitarbeiter sind ungeheuer kostbar, das Angstwort „Fachkräftemangel" bereitet Topmanagern schlaflose Nächte. Das wissen die Arbeitnehmer inzwischen und lassen sich immer stärker mit guten Arbeitsbedingungen locken. Das kann zum Beispiel auch Homeoffice sein. Mir berichten Personaler zurzeit, dass Bewerber in der großen Mehrzahl der Vorstellungsgespräche nach den Regeln für mobiles Arbeiten fragen – noch bevor sie über das Gehalt sprechen wollen. Das verändert sogar die Strategie von Recruitern, die spezielle Homeoffice-Angebote an Mitarbeiter schicken, die ins Büro müssen. Die Recruiter haben sich diese Idee nicht ausgedacht. Laut einer Umfrage des Consultingunternehmens Kantar wollen drei von vier Mitarbeitern nicht mehr in Vollzeit im Büro arbeiten. Fast die Hälfte würde dafür sogar die Arbeitsstelle wechseln. Das betrifft übrigens besonders die Gen Z, also die Generation, die ab den späten 1990ern geboren wurde. Klar, die jungen Menschen aus dieser Zeit sind Studien zufolge „gestresst, depressiv und prüfungsbesessen" wie der *Economist* getitelt hat. Gleichzeitig lassen sie auch nicht alles mit sich machen: Für sie ist Geld zwar wichtig, aber auch nicht *so* wichtig. Sie wollen stattdessen einen Job, der sie nicht zu Tode langweilt und ihnen Freiheiten bietet.

Jeder vierte Arbeitnehmer in Deutschland braucht 30 Minuten oder länger für eine Strecke zur Arbeit. Das sind fünf verschwendete Stunden pro Woche, nur um ins Büro zu kommen. Wer einmal hungrig im Feierabendverkehr festgesteckt hat oder im überfüllten Nahverkehr den „Duft" seines Mitreisenden genießen durfte, weiß, welchen Wert das Homeoffice für die geistige Gesundheit hat. Die paar Meter vom Arbeitsplatz in die Küche oder das Wohnzimmer sind da deutlich angenehmer. Es muss ja auch nicht immer der Schreibtisch am Strand in Portugal sein, der in Dokumentationen als die „Zukunft der Arbeit" beschrieben wird. Die große Mehrheit der Arbeitnehmer wird sich einfach freuen, dem lang erwarteten Paketboten die Tür aufmachen zu können oder auch einfach nur ein paar Stunden mehr in der Woche mit der Familie zu verbringen.

Ich bin ehrlich erstaunt, dass die Arbeitgeber selbst nicht viel stärker auf Remote-Stellen (Mobile Office) setzen. Es spart ihnen so viel Geld und Ärger. Wer überall in Deutschland rekrutiert und keine klassischen Büros mehr hat, kann aus einem viel größeren Bewerberpool schöpfen und Stellen viel schneller und in vielen Fällen auch günstiger besetzen. Gleichzeitig können endlich die Großraumbüros verkleinert und in modernere Arbeitsplätze verwandelt werden. Wer selten ins Büro kommt, braucht dann meist auch keinen festen Büroplatz mehr. Es gibt ja jetzt schon viele Firmen, in denen die Clean-Desk-Policy Normalität ist, also das Prinzip, dass jeder Mitarbeiter sich morgens einen freien Platz sucht, den er abends wieder leer räumt. Weniger Bürofläche bedeutet aber auch weniger Miet-, Strom- und Heizkosten für die Unternehmen. So spart jeder Mitarbeiter, der lieber zu Hause arbeitet, dem Unternehmen bares Geld. Natürlich gibt es Arbeitgeber, die noch auf das Büro setzen, den Arbeitsplatz deswegen so attraktiv machen, dass Mitarbeiter gern zur Arbeit kommen. Ich spreche hier nicht von einem Kicker im Aufenthaltsraum oder einem Obstkorb. Digital-Riesen wie Google oder Apple machen es vor: Kantinen mit Essen auf Sterne-Niveau, Massagen in den Pausen, große Grünanlagen zum Spazierengehen und Fitnessstudios.

Wenn Sie beim Lesen der letzten Seiten nur mit dem Kopf schütteln konnten und froh sind, endlich wieder in Ihr Büro zu können, kann ich Sie beruhigen. Das Büro wird nicht aussterben. Es gibt genügend Menschen, die sich eine flexible Lösung wünschen, zum Beispiel zwei oder drei Tage Homeoffice und entsprechende Tage im Büro, wenn ihnen zu Hause die Decke auf den Kopf fällt. Ich gehöre übrigens selbst dazu. Ich mag mein Büro sehr gern und wenn es darum geht, kreativ zu sein oder Probleme zu lösen, bestehe ich auf einem materiellen Treffen – ganz oldschool in einem Meetingraum mit kleinen Wasserflaschen auf dem Tisch und einem Whiteboard an der Wand.

Die Zukunft der Arbeit: Federn lassen werden alle

Haben Sie im Job Angst, ersetzt zu werden? Ich spreche nicht davon, dass ein Konkurrent Ihnen die Traumstelle streitig macht, wohl aber

Roboter und Computer. Die Vorstellung mag vor wenigen Jahren noch absurd geklungen haben, dass unsere Arbeit, für die wir oft jahrelang ausgebildet wurden, in Zukunft von einer Soft- oder programmierten Hardware erledigt werden könnte. Ich kann so etwas selbst kaum glauben, wenn ich versuche, von der vermeintlich intelligenten Apple-Assistentin Siri einigermaßen brauchbare Antworten zu bekommen. „Nein Siri, ich möchte Äpfel auf die Einkaufsliste setzen und nicht nach Herkamp navigieren!" Die Realität ist eine andere. In der Industrie suchen Unternehmen nicht erst seit Beginn der Digitalisierung nach Möglichkeiten, Arbeitskräfte durch Maschinen zu ersetzen. Die sind auf Dauer günstiger, haben montags keine schlechte Laune und werden nicht müde. Manche befürchten, dass die nächste Automatisierungswelle Arbeitsplätze vernichtet und dies zu mehr Arbeitslosigkeit und Ungleichheit führen wird. Trotzdem hat nur eine Minderheit der Deutschen Angst davor, den Job an einen Computer zu verlieren. In den USA, die schon etwas weiter sind, befürchten die Menschen viel eher, ihren Arbeitsplatz zu verlieren. In Singapur, wo „Smart Nation" zu werden zur Staatsräson erklärt worden ist, sind es sogar 61 Prozent. Wissen die Menschen in Singapur etwas, das wir übersehen?

Die Geschichte beweist: Berufe sind zeitgenössische Phänomene. Die Gerberau in Freiburg ist heute eine schmucke kleine Altstadtstraße mit Cafés und Spielzeugläden. Bis die Industrialisierung den Beruf in große Fabriken verschob, produzierten hier die Gerber Leder für Kleidung. Ein Beruf, den heute Maschinen übernehmen, der Mensch ist nur noch zur Kontrolle da. Die Gerber waren nicht die Einzigen, die es getroffen hat. Oder wann haben Sie zum letzten Mal einen Laternenanzünder, einen Harzer oder einen Fassbinder (nicht den Regisseur) gesehen?

Im 21. Jahrhundert wird es voraussichtlich nicht anders ablaufen. Schon 2015 hatte das Institut für Arbeitsmarkt- und Berufsforschung schlechte Neuigkeiten für die deutschen Arbeitnehmer: 4,4 Millionen Arbeitsplätze seien damals schon von Computern ersetzbar gewesen.

Je nachdem, wen man fragt, bekommt man aber unterschiedliche Aussagen darüber, welche Berufe besonders zittern müssen. Mal sind es Lkw- und Taxifahrer, die bald aus ihren Fahrzeugen steigen werden, um einem Autopiloten Platz zu machen – Tesla hat hier sicher ein Wörtchen mitzureden. Andere sehen den Konditor bald auf Arbeitssuche. Und wieder andere finden, dass wir bald unsere kompletten Steuerangelegenheiten von hochprofessionellen Programmen erledigen lassen, die jedes gesetzliche Schlupfloch kennen. Grundsätzlich sind es zunächst vor allem Routinetätigkeiten, die von Computern übernommen werden. Das hat einen Grund: Wenn sich die Arbeit ständig wiederholt und kaum freie Entscheidungen des Arbeitnehmers erfordert, lässt sich das gut in Computersprache übersetzen und damit automatisieren. Im Gegenzug heißt das aber auch: Je komplexer, situationsabhängiger und kreativer ein Job ist, desto schlechter kann er von Robotern übernommen werden. Sie brauchen also keine Angst zu haben, dass Sie beim Friseur demnächst wie in einem Science-Fiction-Film von einer Maschine die Haare geschnitten bekommen, davon sind wir noch sehr weit entfernt.

Überhaupt versuchen viele Experten zu beruhigen: Auch in der Lederindustrie gibt es immer noch Menschen, die Maschinen bedienen, Forschung betreiben und mit Kunden verhandeln. Es wäre auch nicht das erste Mal, dass sich die Endzeitpropheten irren. Schon in den 1930er-Jahren sprachen Zeitungen davon, dass wir bald nicht mehr arbeiten würden, weil Maschinen uns ersetzen. Das ist – wie Sie sicherlich mitbekommen haben – nicht eingetroffen, denn wo Jobs weggefallen sind, haben sich meist vielfältige Alternativen entwickelt. Was haben wir also zu erwarten?

Erstens: Wenn ein Teil unserer Arbeit automatisiert wird, gibt es weniger zu tun, aber vielleicht mehr Freizeit. Außerdem kann die Automatisierung viele Produkte günstiger machen und dadurch die Nachfrage steigern und so schwer zu automatisierende Arbeitsplätze fördern. Die Menschen brauchen dann vielleicht in der Tat weniger

Taxifahrer oder Bäcker, aber mehr Bademeister. Zweitens: Technologie verändert oft Arbeitsplätze, anstatt sie abzuschaffen. Ein Beispiel aus der Vergangenheit: Als Carl Benz das Automobil erfand, gab es logischerweise noch keine Tankstellen. Der Beruf der Kutscher ist damals mit der Erfindung ausgestorben, aber der Beruf des Tankstellenwärters stand noch in den Startlöchern. Ebenso der Beruf des Kfz-Mechanikers, des Reifenherstellers und so weiter. Ja, unsere Industrie wird sich massiv verändern, sie wird digitaler und sicherlich auch automatisierter ablaufen. Der technologische Fortschritt lässt sich nicht zurückstellen wie eine Uhr für die Sommerzeit. Stattdessen werden neue Jobs entstehen, die wir heute vielleicht noch gar nicht kennen. Also: Keine Panik, es gibt auch künftig noch genug zu tun. Drittens: In Zukunft werden grundlegende Fähigkeiten im Umgang mit der Technik – oder besser gesagt im Verstehen und Beherrschen der Technik – entscheidend, ansonsten passiert das, was viele von uns in der Pandemie gemerkt haben: Dass wir mehr Zeit damit verbringen, anderen neue Programme zu erklären, als wirklich zu arbeiten. Wir sollten uns darauf vorbereiten, dass wir in unserem Berufsleben noch andere Fähigkeiten erlernen müssen. Im Grunde passiert das sowieso schon jeden Tag: Ihre Fähigkeiten, einen Computer oder ein Smartphone zu benutzen, Programme wie Word oder Reise-Apps einzusetzen, haben sich in den vergangenen zehn Jahren sicher verbessert – oder etwa nicht?

Die Welt verändert sich gerade drastisch und wird es in Zukunft noch mehr tun. Das kann Angst machen. Aber ich möchte mich auf die Chancen konzentrieren. Denn davon gibt es genug! In Zukunft wird jeder etwas tun. Es wird nicht unbedingt aussehen wie klassische Erwerbsarbeit – das Influencer-Leben ist das beste Beispiel hierfür. Ich kann mir auch vorstellen, dass Arbeit für den digitalen Raum immer wichtiger wird. Das Internet wird in Zukunft noch viel stärker Teil unseres Lebens, aber wir werden unseren Bildschirmen in Smartphones, Laptops, Tablets oder Uhren nach und nach „Auf Nimmerwiedersehen" sagen müssen. Mit dem Metaverse wird aus dem Internet eine virtuelle Realität, deren Grenze mit der materiellen Realität verschwimmt. Stellen Sie es sich so vor: Sie wachen morgens auf und auf Ihrem Spiegel erscheinen neben Ihrem verschlafenen Ich die neuesten Nachrichten, die in der Nacht aufgelaufenen E-Mails, die Wettervorhersage und Ihr Kalender für den Tag. Anstatt zur Arbeit zu fahren, setzen Sie am Schreibtisch eine Brille auf, die Sie einerseits in eine virtuelle Welt beamt und andererseits in einen Avatar im Metaverse verwandelt. Sie betreten ein virtuelles Büro, Sie treffen Ihre Kollegen und nehmen an Meetings teil. Nach Feierabend beamen Sie sich noch in eine virtuelle Ausstellung, um sich mit Freunden zu treffen. Alles, ohne Ihren Stuhl zu Hause zu verlassen. All diese Welten müssen programmiert, designt und am Ende auch begleitet werden. Anstatt eines materiellen Museumsführers wird es dann vielleicht einen digitalen geben, der dafür bezahlt wird. Das klingt nach weit entfernter Zukunftsmusik? Nein, das ist zurzeit einer der am stärksten wachsenden Bereiche in der IT-Branche.

In deutschen Berufsberatungen werden Sie solche Karriere-Optionen vergeblich suchen. Dabei müssten wir als Gesellschaft geradezu darauf drängen, dass unsere Kinder sich Ausbildungsstellen in diesen neuen Bereichen suchen. Stattdessen lassen wir sie auf die Berufstests der Bundesagentur für Arbeit los. Für dieses Buch habe ich mich in mein 17-jähriges Ich versetzt und wollte wissen, was Stephanie heute werden könnte. Ich kann jetzt schon verraten: Ich war enttäuscht. In zwei Stunden sollte ich meine Fähigkeiten in Altgriechisch (nicht vorhanden), Mathematik (gut), räumlichem Denken (top!) und zahlreichen kleinen Aufgaben beweisen (geht so). Ich war gespannt, was die Bundesagentur für mich bereithielt. Und tada! Die 17-jährige Stephanie würde heute Gärtnerin werden.

Gut, ich liebe die Natur und einen Garten habe ich auch, aber irgendwie hat mich das ratlos zurückgelassen. In vielen Fragen habe ich mein technisches Interesse kundgetan, meine Mathefähigkeiten waren überdurchschnittlich, aber unter den Vorschlägen war kein einziger technischer Beruf. Verpassen wir hier also eine Chance? Es geht ja nicht um Stephanie. Es geht um all die Evas, Fatmas, Alexandras, Jessicas, Svetlanas oder Michelles da draußen, die im 21. Jahrhundert etwas Besseres verdient haben als eine rückwärtsgewandte Berufsberatung (nichts gegen Gärtner!), die es versäumt, die unendlichen Möglichkeiten des technologischen Fortschritts anzubieten. Denn machen wir uns nichts vor: In Deutschland fehlen immer noch Arbeitskräfte in diesem Bereich. Sie merken, ich gerate ein wenig in Rage. Gut, in Ordnung. Ich gehe wohl jetzt lieber meine Tulpen pflanzen.

Fazit – Wir müssen uns an die neuen Gegebenheiten unserer modernen Berufswelt anpassen und noch viel wichtiger: Lasst uns unsere Kinder bestens darauf vorbereiten!

Ich weiß, dass wir die meisten Veränderungen in New Work, also unserer modernen Berufswelt, selbst nicht mehr mitmachen werden. Die Digitalisierung hat (zumindest in Deutschland) erst begonnen. In den nächsten Jahrzehnten wird dieser Prozess gewaltige Umwälzungen hervorrufen. Für uns allerdings sind gewiss das Homeoffice und der Ärger mit schlecht funktionierenden Videokonferenzen die größte Anpassung. Unsere Kinder werden aber sicher auf einen Arbeitsmarkt treffen, in dem der Umgang mit digitaler Technik eine Grundvoraussetzung ist. Gleichzeitig werden sie, wenn sie eine gute Ausbildung mitbringen, gefragter denn je sein. Arbeitnehmer werden sich ihre Arbeitgeber aussuchen können, ganz nach den eigenen Vorstellungen – ob das jetzt Homeoffice oder das Basketballfeld in Büronähe ist. Die Arbeitgeber wiederum müssen um die Mitarbeiter werben und mit konkurrierenden Unternehmen einen Wettkampf um den besten Arbeitsplatz austragen.

Dafür braucht es aber die beste Ausbildung für unsere Kinder. Leider macht mir der Blick auf unsere aktuelle Schulsituation etwas mehr als nur „ein bisschen" Angst. Wenn unsere Schulen Digitalisierung nicht mitdenken, wächst keine Generation an gefragten Arbeitskräften heran. Stattdessen machen wir uns abhängig vom guten Willen der Unternehmen. Die Drohkulisse, ins Ausland abzuwandern oder Arbeitsplätze zu automatisieren, wäre enorm. Wir wären ein Land aus billigen, leicht zu ersetzenden Arbeitskräften.

Deswegen müssen wir jetzt handeln. Wir müssen unsere Kinder auf den Arbeitsmarkt der Zukunft vorbereiten. Das geht am besten durch Bildung. Aktuell haben wir ein Bildungswesen, das vorgefertigte Lösungswege über kreative Problemlösungen stellt. Deswegen müssen sich Schulen und Universitäten reformieren, um unseren Kindern auch in Zukunft zur Seite zu stehen.

Wir müssen uns fragen, welche Fähigkeiten in Zukunft gebraucht werden, wie wir unsere Schulen umbauen, diese Fähigkeiten auszubilden. Ich habe hier keine definitiven Antworten parat, weiß aber: Wir müssen nicht alle programmieren können. Wir müssen nur verstehen, wie die Algorithmen und künstlichen Intelligenzen grundlegend funktionieren, mit denen die Arbeit der Zukunft abläuft.

Aber wir müssen auch an uns selbst arbeiten. Vor 30 Jahren war ein Job im IT-Bereich nur etwas für Spezialisten. Heute ist der Sektor so groß und bunt, dass er mehrere Dutzend Jobs umfasst, die kaum einem bekannt sind. Leider auch nicht den Berufsberatern der Arbeitsagentur! Vom IT-Techniker und dem IT-Produktmanager über den Fachinformatiker zum IT-Consultant und dem IT-Anwendungsbetreuer. Was ein Programmierer macht, wissen wir noch ungefähr, bei einem IT-Consultant wird es schon undurchsichtiger. Für uns ist nur wichtig: Wir sollten nichts als neumodisch abtun oder als brotlose Kunst bezeichnen. Dann passiert es auch nicht, dass wir das Hobby unserer Kinder als Albernheit abtun und womöglich verbieten, weil wir keinen Sinn darin sehen, obwohl dieses Hobby der Einstieg in eine Karriere im IT-Bereich sein könnte. Auch wenn das bedeutet, tief durchzuatmen, wenn das Kind Influencer werden will, und nur zu sagen: „Das klingt spannend, mein Schatz. Wie kann ich dich unterstützen?"

8 DER BESTE IN ZWEI WELTEN: WIE WIR AUCH IM DIGITALEN GUTE MENSCHEN SEIN KÖNNEN

Ich lebe nun seit über einem Jahr wieder in Deutschland. Ich habe ein Land neu kennenlernen dürfen, das sich gerade im Eiltempo digitalisieren muss. Gleichzeitig leben wir im dauerhaften Krisenmodus – Coronapandemie, Klimakrise, Krieg in der Ukraine. Unsere Welt steht kopf. Wir stehen vor der Frage, wie wir gleichzeitig das Klima und unsere Werte schützen können. Wir streiten über Regeln und Konzepte und sind angewidert von Hass und Desinformation im Netz. Und ja, diese Situation kann uns schnell überfordern. Jede Krise braucht Aufmerksamkeit und oft viel Geld, um sie zu meistern. So wird es mit jeder Krise, mit der wir „jonglieren" lernen, schwerer, sich gezielt für die Zukunft einzusetzen. Ich bin der Auffassung: Es lohnt sich, es trotzdem zu probieren. Der Gewinn wird umso größer sein, wenn wir es schaffen, den digitalen Neustart zu wagen. Behörden werden effizienter arbeiten können, wenn Mitarbeiter Akten nicht mehr faxen müssen. Unsere Arbeitsplätze werden menschlicher, wenn wir uns nicht mehr jeden Morgen mit dem Wissen aus dem Bett quälen, gleich eine Stunde im Stau zu stehen. Unsere Kinder werden mit mehr Begeisterung lernen, wenn wir ihre Welt in unsere Schulen integrieren.

Aber auch wenn es so scheint – die dynamische Entwicklung hin zu einem digitalisierten Land müssen wir nicht überhastet absolvieren. Dieser Weg gleicht einem Marathon, den wir behutsam und mit Bedacht angehen sollten. Jetzt in den Sprint zu gehen würde viele von uns zurücklassen. Für alle, die bereit sind für Veränderung, die dafür eintreten wollen, dass aus „German Angst" ein „German Mut" wird und Deutschland wieder die Rolle als führende Innovationsnation in der Welt einnimmt, gibt es viel zu lernen.

Bei all der Begeisterung für diese neue Welt dürfen wir uns aber auch den Luxus leisten, selbst zu entscheiden, welches Tempo wir einhalten wollen und wer wir in der digitalen Welt sein möchten. Für beides braucht es Handwerkszeug, eine nützliche Hilfestellung, wie wir auch im Digitalen gute Menschen bleiben können und nicht zu digitalen Zombies werden. Kurzum: Wie schaffen wir das? Zehn Hinweise.

Erstens: Wir sind und bleiben Menschen

Nehmen Sie doch kurz Ihre Hand vom Buch und fassen sich an die Stirn – so als ob Sie fühlen wollten, ob Sie Fieber haben. Tasten Sie über die warme Oberfläche Ihrer Haut und erinnern Sie sich daran, dass wir immer noch Menschen sind. 20.000 Jahre Menschheitsgeschichte gehen nicht einfach verloren, nur weil wir auf einmal mit Bildschirmen reden und über Glasfenster wischen. Ich bin der festen Überzeugung, dass die bestehenden Regeln unserer Gesellschaft universell sind und immer noch gelten. Wir bleiben moralische Wesen, wir wünschen uns Freundlichkeit und Anstand von anderen – und versuchen (meistens) so gut wie möglich danach zu handeln. Das ist auch ein Grund, warum Großeltern selbst ohne Smartphone vieles für unsere Kinder und Enkel tun können. Denn die Fragen, die Kinder für das digitale Miteinander haben, sind fast die gleichen wie vor 50 Jahren. Wie behandele ich mein Gegenüber? Wie gehe ich mit Wut um? Ist das, was ich tue, richtig oder falsch?

Solange fast alles, was wir im Internet tun, eine soziale Interaktion ist, wir also mit Menschen in Verbindung treten, braucht es diese bestehenden Regeln. Denn leider vergessen viele Menschen, die im Netz unterwegs sind, meist eine wichtige Sache: dass auf der anderen Seite des Bildschirms auch ein Mensch sitzt. Es ist aber auch zu leicht zu vergessen, wenn wir den anderen nicht persönlich wahrnehmen, riechen, die Tränen nicht die Wange hinunterrollen hören oder gar kein Bild, sondern nur einen kryptischen Benutzernamen sehen. Außerdem fehlt die unverzügliche Reaktion, wenn wir interagieren. Eine beleidigende Nachricht ist schnell abgeschickt, wenn ich hinterher nicht damit rechnen muss, eine Backpfeife zu bekommen oder den Schmerz der angesprochenen Person zu sehen. Andersherum ist es genauso: Wir vermeiden Telefonate und schicken lieber Sprachnachrichten, weil wir dann Zeit haben, unsere Antworten penibel vorzubereiten. Fragen Sie doch mal Jugendliche, was ihre liebste Kommunikationsform ist. Ich höre dann immer nur: Texten!

Ich kann mich von dieser Entwicklung nicht ausnehmen. Mir fällt es genauso schwer, ruhig zu bleiben, wenn ich auf Social Media oder in den Kommentarspalten Diskussionen verfolge oder – um ein Extrem zu nennen – Berichte über Kindesmissbrauch lese. Ein ums andere Mal saß ich mit zitternden Fingern vor der Tastatur und tippte meine Wut in einen Kommentar. Zum Glück habe ich diese Kommentare nie abgeschickt, weil ich hinterher sicher einige Zeit nicht in den Spiegel hätte schauen können.

Mir hilft es in solchen Situationen, zwei, drei Mal sehr tief ein- und wieder auszuatmen, bis zehn zu zählen und mir meinen Text noch einmal durchzulesen. Danach frage ich mich: Möchte ich das wirklich abschicken? Bildet der Text wirklich meine Auffassung ab oder ist er nur ein Spiegelbild meiner Empörung? Ich habe den Anspruch an mich, meine Nachricht mitten in einer U-Bahn vorlesen zu können und mich hinterher trotzdem noch wohlzufühlen. Meine „Denk noch mal drüber nach"-Strategie hat mich bisher jedes Mal gerettet, weil sie das Digitale in die materielle Welt holt. Es ist ein bisschen vergleichbar mit dem „Zwick mich mal", wenn wir glauben zu träumen. Der kurze Schmerz wirkt manchmal Wunder und ist manchmal auch besser, als ewig darüber zu grübeln.

Zweitens: Treffen wir eine bewusste, informierte Entscheidung, WIE wir digital sein wollen

Ich habe in diesem Buch sehr viel darüber geschrieben, wo wir überall digitaler werden müssen. Ich habe gefordert, dass wir uns mit neuen Social-Media-Phänomenen wie TikTok auseinandersetzen sollten und dass wir unser Verhältnis zu Influencern überdenken. Meine Forderung war immer, DASS wir viel stärker auf die Digitalisierung setzen müssen und niemals WIE. Das ist mir wichtig. Ich möchte niemanden zwingen, auf einmal ein Digitalisierungsfan zu werden.

Ich hoffe aber, dieses Buch konnte Ihnen helfen, in Zukunft bewusstere Entscheidungen zu treffen, wie digital Sie Ihr Leben gestalten wollen. Fragen Sie sich ehrlich: „Brauche ich dieses Werkzeug nicht oder lehne ich es ab, weil ich zu bequem bin, mich damit auseinanderzusetzen?"

Ich musste mir diese Frage zum Beispiel für TikTok stellen. Als das soziale Netzwerk in den USA immer beliebter wurde und auch meine Töchter sich die App herunterluden, war ich zuerst irritiert. Die Tänze und Challenges kamen mir banal vor, ich hielt TikTok für eine Zeitverschwendungsmaschine. Aber ich habe mir den Trend von meinen Töchtern erklären lassen und kann heute sagen: Ganz so einfach ist es nicht. Klar, die Tänze sind banal, aber oft auch wahnsinnig witzig und sehr kreativ. Inzwischen haben ja auch genügend Künstler und Content-Kreatoren die App für sich entdeckt. Und selbst die Politik findet nun ihren Weg zu TikTok – ein Video, in dem Markus Söder über seinen Lieblingsdöner in Nürnberg spricht, hat ein Millionenpublikum erreicht. Ich habe trotzdem entschieden, dass TikTok nichts für mich ist. Ich habe schlicht nicht die Zeit für ein zusätzliches soziales Netzwerk in meinem Leben, auch wenn mir meine Töchter ab und zu immer noch besonders witzige TikToks schicken.

Sie können es auch so wie meine ältere Tochter machen und nur noch einen bestimmten Teil einer App oder eines digitalen Werkzeugs benutzen. Nach der traumatischen Erfahrung, über Snapchat persönlich bedroht zu werden, hat sie die App zunächst komplett aus ihrem Leben verbannt. Heute benutzt sie Snapchat wieder, wenn auch nur eingeschränkt. Nachrichten versendet sie keine mehr und schwört stattdessen auf eine Funktion, mit der Freunde, die in der Nähe sind, angezeigt werden. Wenn sie also irgendwo unterwegs ist, schaltet sie kurz die App an und freut sich, wenn sie spontan eine Begleitung fürs Kaffeetrinken findet.

Die gute Nachricht ist: Es ist immer noch Ihr Leben, über das Sie entscheiden. Niemand kann Sie dazu zwingen, Teil eines oder gar mehrerer sozialer Netzwerke zu werden oder ständig das neueste Smartphone zu kaufen. Die schlechte Nachricht ist: Ihr Leben wird dadurch auch nicht einfacher. Ihr Chef kann Sie immer noch zu Videokonferenzen verdonnern und in der Coronapandemie war eine Corona-App für die Registrierung in vielen Bars und Restaurants Pflicht. Es kann frustrierend sein, wenn man sich genötigt fühlt, sein Leben zu digitalisieren. Aber vielleicht hilft es Ihnen, es so zu sehen: Kaiser Wilhelm II. soll mal gesagt haben: „Das Auto ist eine vorübergehende Erscheinung. Ich glaube an das Pferd." Nun sind Pferde meine liebsten Tiere, aber hier lag der Kaiser definitiv falsch. Dabei ist seine Ablehnung sogar verständlich. Zu seiner Zeit waren Autos laut, unbequem und haben ziemlich gestunken. Trotzdem hat sich die technologische Entwicklung schlussendlich durchgesetzt. Und selbst der Kaiser hat sich später in einem Mercedes herumkutschieren lassen. Wenn also etwas banal ist, ist es diese alte Weisheit: Zeiten ändern sich – und damit auch unsere Gewohnheiten.

Drittens: Die eigenen Daten wertschätzen und dabei nicht auf alles verzichten

In den USA war ich eine gläserne Bürgerin. Meine Daten waren für Unternehmen und die Regierung Freiwild. Obwohl ich das wusste, habe ich nicht auf sämtliche sozialen Netzwerke und Onlineshops verzichtet. Ich habe Facebook benutzt, mich für verschiedene Newsletter angemeldet und Apps ohne Hintergedanken heruntergeladen und ausprobiert.

Als ich wieder nach Deutschland kam, empfand ich den deutschen Datenschutz deswegen auch lange überflüssig und als Innovationsbremse. Inzwischen bin ich mir da nicht mehr ganz so sicher. Mit jedem Like und jeder besuchten Seite im Internet entsteht ein genaues Bild meiner Vorlieben. Seit dem Datenskandal um Cambridge Analytica, bei dem die Daten von 87 Millionen Facebook-Nutzern abgefischt und für politische Kampagnen benutzt wurden, und der unternehmerischen Verbindung von Facebook, WhatsApp und Instagram mache ich mir immer mehr Sorgen um meine Daten. Ich wusste wie viele andere zum Beispiel auch nicht, dass Facebook – sobald ich die App auf meinem Gerät antippe – Zugriff auf nahezu mein komplettes Smartphone erhält. Inzwischen schätze ich deshalb den deutschen Datenschutz sogar, auch wenn ich immer noch finde, dass wir oft einen Schritt zu weit gehen und wir es uns dadurch unnötig schwer machen.

Also habe ich angefangen, ein VPN zu benutzen, ein Virtual Private Network, mit dem alles verschlüsselt wird, was ich ins Internet sende. So verwische ich meine Spuren im Internet und schlage den Cookies ein Schnippchen. Cookies sind kleine Dateien, die Websites auf Ihrem Computer hinterlassen, um Sie damit auf Ihrem Weg über andere Websites hinweg zu verfolgen. Wenn Sie also zum Beispiel auf Amazon sind, um sich ein Buch zu bestellen, und hinterher noch einen Film bei Netflix schauen, findet Amazon das heraus und schlägt Ihnen beim nächsten Besuch so gut wie sicher das Buch zum Film vor. Oder Ihnen wird empfohlen, gleich ganz auf Amazon Video zu wechseln.

Auch wenn ich ehrlich gesagt lieber auf mich abgestimmte Werbung bekomme als zum Beispiel Werbung für Windeln, möchte ich die im Netz stattfindende Verfolgungsjagd auf meine Daten so gut es geht verhindern. Trotzdem erlaube ich mir manchmal auch bei den verbreiteten Cookie-Warnhinweisen „Alle akzeptieren" zu drücken. Ich lösche stattdessen alle zwei, drei Tage alle meine gesammelten Cookies.

Auf „Alles akzeptieren" zu drücken ist natürlich reine Bequemlichkeit und ehrlich gesagt möchte ich mich auch nicht ständig einschränken. Ich gehe grundsätzlich davon aus, dass meine Daten zu barem Geld gemacht werden, und entscheide im Einzelfall, wann ich dies zulasse und wann eben nicht. Ich kaufe auf Amazon ein und trage den Verlauf meines Zyklus in eine Perioden-Tracker-App ein – beides ist zu praktisch, als dass ich darauf verzichten wollen würde.

Es gibt aber auch Ausnahmen: Beim Onlinebanking achte ich sehr penibel auf Sicherheit und Verschlüsselung. Am liebsten würde ich mit meinem Banker auch nur persönlich reden, genau wie mit Anwälten. Und selbst bei den banalsten Nachrichten mit meinen Kindern benutze ich nur verschlüsselte Messenger. Ich habe nichts zu verbergen, aber niemanden geht an, was ich mit meiner Familie, meinem Anwalt oder meinem Banker zu bereden habe!

Finden Sie deswegen einen Weg, der zu Ihnen persönlich passt. Sie wollen nicht, dass Ihre Daten benutzt werden? Dann achten Sie genau darauf, welche Apps besonders datenhungrig sind. Wählen Sie stets nur jene Cookies aus, die für die Funktion einer App unvermeidbar sind. Die dazugehörigen Informationen finden Sie zum Beispiel in den Beschreibungen in den App Stores oder im Pop-up-Fenster, das nach Ihrer Erlaubnis fragt. Ihnen ist Datenschutz nicht wichtig? Das ist vollkommen okay, aber vergessen Sie bitte nicht die goldene Regel: Ist ein Produkt im Netz „kostenlos", sind Sie das Produkt. Mit jedem Wisch und jedem Klick erzeugen Sie Daten, die Entwickler zu Geld machen – und Sie zur Werbeoberfläche.

WIR KÖNNEN DAS BESSER!

Viertens: Digitale Kompetenz lernen

Haben Sie schon mal bei Ikea eingekauft und das neue Möbelstück ohne Anleitung aufgebaut? Ich vermute, Ihre Antwortet lautet Nein. Ich weiß nicht, wie viele Wochenendtage ich schon damit verbracht habe, auf dem Boden kniend abwechselnd auf die Anleitung und die Pressspanplatten zu schauen. Warum tun wir das eigentlich nicht im Netz – also das „Auf-die-Anleitung-Schauen", nicht das „Auf-dem-Boden-Herumrobben"? Wenn unser Arbeitgeber mal wieder ein neues Videokonferenz- oder Abrechnungssystem ausprobieren möchte, erwarten wir selbstverständlich, sofort den Durchblick zu haben. Nur um uns hinterher zu beschweren, wenn wir den Button für das Mikrofon oder das richtige Template nicht gleich finden. Daran sind wir nicht nur selbst schuld: Die meisten Hersteller wollen gar nicht, dass wir Anleitungen lesen. Stattdessen gestalten sie ihre Programme so, dass wir sie möglichst intuitiv bedienen können, weil wir sie dann umso mehr benutzen. Sie sind extrem gut darin. Eines der wertvollsten Unternehmen der Welt, Apple, war hier der Vorreiter für alle anderen. Selbst Kleinkinder können heute auf Amazon bestellen. Das ist kein Witz, ich habe mit meinen eigenen Augen gesehen, wie eine Dreijährige auf dem Tablet ihrer Eltern ein Kuscheltier erst in den Einkaufskorb gelegt und dann auf Bestellen getatscht hat.

Natürlich hatte die Kleine keine Ahnung, was im Hintergrund abgelaufen ist, dass ihr neues Kuscheltier Geld gekostet hat und dass es aus einem riesigen Lager nach Hause kommt. Alles, was sie irgendwie zu wissen schien, war: Wenn sie auf den „Jetzt kaufen"-Knopf drückt, klingelt ein paar Tage später der Postbote und bringt Geschenke.

Manchmal habe ich das Gefühl, wir Erwachsene sind gar nicht so weit von dieser cleveren Dreijährigen entfernt, wenn es um digitale Kompetenz geht. Wir benutzen all diese bunten und blinkenden Apps und Gadgets, ohne wirklich zu verstehen, wie sie funktionieren. Dabei wäre das so wichtig! Ich sage: Digitale Kompetenz ist *die* Kernfähigkeit für das 21. Jahrhundert.

Das gilt auch für alle Mechaniken der digitalen Welt. Nur wer versteht, wie Desinformation funktioniert und welche Logik hinter dem Verwirrspiel steckt, kann sich auch darauf einstellen. Nur wer erkennt, dass Apps und Videospiele sich unserer niedrigsten Triebe bedienen, indem sie unser Belohnungssystem immer wieder kitzeln und uns damit süchtig machen, bleibt gewappnet.

Das bedeutet aber, dass wir uns ein Leben lang mit Neuerungen beschäftigen sollten. Es reicht nicht, in der Schule ein paar Stunden Medienkompetenz zu absolvieren und sich dann für immun gegen die Verlockungen der digitalen Welt zu halten. Kinder zu haben hilft dabei sicher, denn sie zwingen uns förmlich dazu, uns mit der schönen neuen Welt auseinanderzusetzen – selbst wenn uns das manchmal schwerfällt. Keine Sorge, Sie müssen nicht wieder anfangen, die Schulbank zu drücken. Meist reicht es schon, offen für die Veränderungen zu sein und sie gleichzeitig kritisch zu betrachten. Denn diese beiden Fähigkeiten umschreiben die Basis für eine breit angelegte digitale Kompetenz schon sehr gut. Meine 90-jährige Großtante ist dafür das beste Beispiel.

Fünftens: Fordern Sie Digitalität ein! Werden Sie laut!

Leider sind in Deutschland die Digitalbremser oft lauter als die Digital-Enthusiasten. Sie warnen dauernd vor den Gefahren digitaler Medien, schwärmen von der guten alten Zeit, die höchstens in ihrer Vorstellung so existiert hat, und verschließen die Augen vor den Riesenchancen, die das Neue bietet.

Lassen Sie uns deswegen ein Bündnis schmieden und mindestens genauso laut werden! Wussten Sie zum Beispiel, dass Sie seit dem 1. Juni 2022 einen Anspruch auf einen schnellen Internetzugang haben? Also zumindest das, was die Bundesnetzagentur, die für das deutsche Internet verantwortlich ist, für schnell hält: eine Geschwindigkeit von mindestens 10 Mbit/s und eine Upload-Datenrate von mindestens 1,3 Mbit/s. Das reicht vielleicht für die Grundversorgung. Sobald Sie aber

Kinder haben, die Youtube-Videos schauen, während Sie in einem Meeting sitzen, wird es mit dieser Geschwindigkeit schon verdammt eng. Trotzdem: Überprüfen Sie, ob Ihr Internetanbieter schnell genug ist (zum Beispiel mit der Speedtest-App der Bundesnetzagentur), und beschweren Sie sich, wenn Sie mehr bezahlen, als Sie bekommen – was überraschend häufig vorkommt.

Wenn Sie die letzten Jahre das Homeoffice genossen haben und dort produktiver als zuvor waren, ist jetzt die Zeit, das auch Ihrem Chef zu sagen. Je mehr Kollegen es Ihnen gleichtun, desto größer werden die Chancen, bald nur noch in Ausnahmefällen ins Büro fahren zu müssen. Und wenn Sie schon dabei sind: Sprechen Sie all die kleinen und großen Probleme mit der Digitalisierung an Ihrem Arbeitsplatz gleich mit an. Das Mailprogramm ist aus den Nullerjahren, stürzt immer ab und die digitale Verwaltung besteht darin, dass Sie digitale Dokumente ausdrucken und woanders wieder einscannen? Zeit für eine grundlegende Sanierung der Abläufe!

Die Pandemie hat es gezeigt: An manchen Schulen hat die Digitalisierung zumindest einigermaßen hingehauen. Den Unterricht an den meisten Schulen kann man in dieser Zeit aber nur als eine Art „Komplettversagen" bezeichnen – was auch Sie tun sollten. Ihre Kinder haben ein Recht auf eine gute Schulbildung und Lehrer, die den Unterricht so gestalten, dass er nicht gegen kostenlose Youtube-Videos abstinkt. Sprechen Sie mit der Schulleitung, fragen Sie regelmäßig nach, ob es Fördermöglichkeiten gibt, die die Schule noch nicht nutzt. Wenn ich eines in der Zeit gelernt habe, als die Politik meinen Alltag bestimmt hat, dann, dass nur Hartnäckigkeit, Vernetzung und ein bisschen nervige Kreativität helfen, seine Ziele durchzusetzen. Glauben Sie mir, ich weiß bei diesem Thema, wovon ich spreche.

Werden Sie darüber hinaus auch mit Ihrem „Kreuz" laut. Wählen Sie Parteien und Politiker, die sich wirklich für Digitalisierung einsetzen und nicht versuchen, Industrien zu schützen, die die Digitalisierung verschlafen, während sie Rekordgewinne eingefahren haben. Jetzt sind sie auf enorme Subventionen angewiesen, um überhaupt noch am Markt bestehen zu können. Wir sollten vielmehr unsere Kinder subventionieren: Das Bildungssystem braucht eine Generalüberholung und dafür braucht es Geld! Das ist das Mindeste, was wir für unsere Kinder einfordern können.

Sechstens: Trotzen Sie dem digitalen Stress

Manchmal sollten Sie aber auch alles beiseiteschieben, was Sie in diesem Buch über Digitalisierung gelesen haben. Ich weiß, wie viele Selbstzweifel der Vergleich mit anderen auslösen kann, wie das immer wiederkehrende „Ping" der Benachrichtigungen stresst und wie wir uns mit der ständigen Erreichbarkeit unter Druck setzen.

Aber nur Sie wissen, was Sie wirklich stresst. An manchen prallen enge Terminvorgaben oder Meeting-Marathons einfach ab, für andere ist das die Hölle. Versuchen Sie herauszufinden, wo Ihre Stressoren liegen, nur so können Sie auch daran arbeiten. Vergessen Sie auch nicht Ihre Kinder, denn auch wenn die noch keine E-Mails vom Chef bekommen, sind sie digitalem Stress genauso ausgesetzt – manchmal sogar noch mehr, als uns lieb ist. Verlassen Sie sich nicht darauf, dass Ihr Kind von selbst merkt, dass soziale Netzwerke und Videospiele nicht nur pure Entspannung sind. Sprechen Sie mit ihm über die Nutzungszeit der Geräte oder das gescriptete Leben der Influencer.

Ich weiß, dass es im Trubel des Alltags schwierig sein kann, den einen Stressor zu lokalisieren, die eine Sache, die das Fass zum Überlaufen bringt. Beobachten Sie sich ruhig mal eine Woche lang, schreiben Sie auf, in welchen Situationen Sie sich überfordert fühlen und das Handy oder den Laptop am liebsten an die Wand werfen wollen. So lassen sich schlechte Gewohnheiten, die im Alltag versteckt lauern, schnell aufstöbern.

Es kann helfen, die Möglichkeiten für digitale Gesundheit auf unseren Smartphones zu nutzen. Die werden zum Glück immer ausgefeilter und lassen sich individuell an unsere Bedürfnisse anpassen. Sei es, dass Sie eine Stunde vor der eingestellten Schlafenszeit keine Benachrichtigungen mehr durchstellen und den Bildschirm automatisch abdunkeln oder Ihnen ganz klare Zeitlimits für Apps anbieten.

Denken Sie immer daran: Sie sind nicht allein. Es ist ein Glück, dass in den letzten Jahren das Thema mentale Gesundheit immer breiter diskutiert und auch akzeptiert wird. Viele Arbeitgeber stellen gerade fest, wie wichtig es ist, ihre Mitarbeiter nicht zu überfordern. Trauen Sie sich ruhig, mit Freunden oder Kollegen über den eigenen Stress zu sprechen. Ich habe die Erfahrung gemacht, dass niemand andere deshalb verurteilt, sondern viel öfter ein „Mir geht es genauso" die Antwort ist.

Die Kunst besteht meist darin, etwas zu finden, das einem auch abseits vom Bildschirm Spaß macht. Wenn es mir etwas zu wild wird, schnappe ich mir meine Hündin und gehe in den Wald, um dem digitalen Overkill zu entkommen. Wenn ich nur das Vogelgezwitscher höre, kann ich in Ruhe nachdenken und selbst die größten Probleme wirken viel kleiner, wenn ich frische Waldluft atme.

Siebtens: So schmieden Sie Ihr digitales Selbst

Ich möchte Sie ermuntern, selbst aktiv zu werden und zu überlegen, wer Sie im Internet sein möchten. Es kann ein herrlich befreiendes Gefühl sein, das eigene Bild, das im Netz kursieren wird, selbst zu formen. Das heißt nicht, dass Sie einen Account in einem sozialen Netzwerk eröffnen müssen. Wenn Sie das nicht wollen, überspringen Sie diesen Abschnitt ruhig.

Wenn Sie aber Lust haben, ein Experiment zu wagen, haben Sie keine Scheu davor. Erstens können Sie das Experiment so gestalten, dass Sie niemand erkennt, und zweitens geht es hier nicht um Erfolg oder Scheitern. Es soll Ihnen hauptsächlich Spaß machen. Ein paar Vorschläge: Fangen Sie an, Ihre Kochkünste zu filmen und kurze Rezeptvideos zu schneiden. Oder malen Sie kleine Daumenkinos und stellen Sie das Ergebnis auf TikTok. Wenn Sie eher die Rampensau sind, möchte ich Ihnen ein Angebot machen: Lesen Sie Märchen vor! Kinder werden Sie lieben.

Was ich damit sagen will: Machen Sie selbst die Erfahrung, wie es sich anfühlt, im Internet nicht nur als Konsument aufzutreten. Raum für Communitys zu schaffen war immer eine der großen Errungenschaften des Internets – und Teil von einer zu sein, kann für viele Menschen bereichernd sein. Längst sind solche Communitys auch in unser materielles Leben übergegangen. Wenn ich mich vor 20 Jahren mit jemandem aus dem Internet getroffen hätte, wäre das ganz schön nerdig und auch ein bisschen gefährlich gewesen – heute übrigens auch noch. Aber es ist normal geworden, dass man sich übers Netz kennenlernt und sich lose bekannte Gruppen treffen, um gemeinsam Urlaub zu machen, nachdem sie jahrelang nur „digital befreundet" waren. Da gibt es dann immer ein großes Hallo, wenn Menschen aufeinandertreffen, die sich sonst nur mit Spitznamen ansprechen. Deswegen ist es auch wichtig sich zu fragen, wer man online eigentlich ist und wie einen die anderen wahrnehmen.

Achtens: Sie sind Teil der digitalen Gesellschaft, handeln Sie danach

Was würden Sie tun, wenn Sie eine wüste Schlägerei auf der Straße sehen? Sicherlich würden Sie nicht einfach vorbeigehen und sich denken: „Da kümmert sich bestimmt gleich jemand drum." Stattdessen würden Sie wahrscheinlich zumindest die Polizei herbeirufen. Zivilcourage ist ein wichtiges Gut in unserer Gesellschaft, nicht umsonst vergibt der Bundespräsident regelmäßig Verdienstkreuze an Menschen, die in solchen Situationen nicht die Augen verschließen, sondern mutig handeln. Ich finde: Solche Auszeichnungen sollte es in Zukunft auch für Zivilcourage im digitalen Raum geben. Menschen, die sich im Internet engagieren, sind (noch) viel zu selten und brauchen unbedingt unsere Unterstützung. Am besten wäre es, wenn wir gleich selbst Teil von dieser Gruppe werden.

Wir haben es bereits gelernt: Das Internet ist kein rechtsfreier Raum. Wenn Menschen im Internet in der vermeintlichen Anonymität alle Hemmungen verlieren, muss der Rest von uns umso stärker dagegenhalten. Genau wie wir Steuern zahlen, uns nach einem Umzug beim Einwohnermeldeamt melden oder bei einem Brand die Feuerwehr rufen, sollten wir unsere Bürgerpflichten auch gewissenhaft im Internet wahrnehmen.

Informieren Sie sich über Gesetze und Rechte in der Digitalität, lernen Sie beispielsweise, wann Sie ein Foto kostenlos nutzen dürfen und wann nicht. Eine der meistgegoogelten Fragen in Deutschland ist, ob Streaming von aktuellen Kinofilmen legal ist. Antwort: Ist es nicht, aber schwer zu verfolgen. Worum es mir geht: Vieles, was wir im Internet tun, ist ein Graubereich und kann unterschiedlich ausgelegt werden. Sich darüber zu informieren, was legal ist und was nicht, kann Sie davor bewahren, eine ungebetene Einladung der Polizei aus dem Briefkasten zu fischen.

Der Verein „Tu was! Zeig Zivilcourage!" hat 2016 goldene Regeln für Zivilcourage im Internet entwickelt, die das Potenzial haben, das Internet zu einem sichereren Ort zu machen. Darunter war auch die Empfehlung, nicht wegzuschauen. Seien Sie also – genau wie im materiellen Leben – aufmerksam und schreiten Sie gegebenenfalls ein, wenn Sie Mobbing, Hass oder Hetze im Internet beobachten. Machen Sie sich kundig, an welche Stelle Sie bestimmte Inhalte melden können. Das geht übrigens auch direkt bei der Polizei mit einer Online-Anzeige. Besonders gut hat mir die Regel gefallen, Betroffenen zur Seite zu stehen. Die Arbeit mit BG3000 und Gespräche mit Schulpsychologen (in den USA und in Deutschland) haben mir gezeigt, wie groß das Problem mit Mobbing bei unseren Kindern geworden ist, seit sie digital kommunizieren. Oft reicht es, im Hintergrund mit einer kurzen Nachricht Unterstützung anzubieten und für Gespräche bereit zu sein.

Wenn Sie selbst in Diskussionen einsteigen oder Kommentare hinterlassen, bleiben Sie bitte fair und respektvoll. Ich weiß, dass geschriebene Worte oft härter klingen, als sie gemeint sind. Wir fühlen uns deswegen schneller angegriffen, gerade wenn wir die andere Person nicht sehen können. Deswegen müssen wir uns aber nicht sofort auf kleine Provokationen stürzen!

Neuntens: Geben Sie Ihr (fundiertes) Wissen weiter (und nur das)

Die beste Möglichkeit, das Internet positiv zu beeinflussen, ist, mitzuhelfen, fundiertes Wissen zu verbreiten. Die große Hoffnung des Internets war es ja lange, einen Wissensschatz zu erschaffen, den jeder unabhängig von seiner Herkunft anzapfen und für sich selbst nutzen konnte. Im Gegenzug wäre es sehr förderlich, selbst dazu beizutragen, diesen Wissensschatz größer und bekannter zu machen und zum Beispiel eigenes Wissen zu teilen.

In gewissem Maße ist das auch immer noch der Fall. Ich könnte auf Youtube lernen, wie ich ein Fahrrad repariere oder Parkett verlege, nur weil andere Menschen dieses Wissen mit mir teilen. Das begeistert mich jedes Mal aufs Neue.

Seit das Internet ein Massenphänomen geworden ist, wird auch das Wissen immer größer und vielfältiger. Wir können überall Dinge hochladen oder unseren Senf dazugeben. Leider wird es dadurch aber auch komplizierter, gutes von schlechtem Wissen zu unterscheiden. Oft sagen mir zwei Quellen vollkommen unterschiedliche Dinge. Soll ich bei meiner Monstera die Wurzeln jetzt abschneiden oder töte ich sie damit? Was gehört in eine echte Carbonara und warum brüskiere ich scheinbar ein ganzes Land, wenn ich Sahne benutze? Kurz: Es ist (mal wieder) nicht so einfach.

Trotzdem sollten wir nicht aufhören, unser Wissen weiterzugeben. Wir prägen damit die Gesellschaft und zukünftige Generationen. Aber:

Konzentrieren wir uns auf das, was wir wirklich wissen. Halbwissen und Vermutungen bringen uns nicht weiter, sondern verwirren alle, die später darauf treffen.

Übrigens: Sie müssen nicht einmal unbedingt ins Internet dafür. Ihre Kinder reichen auch schon vollkommen aus. Und Sie wären überrascht, wie begeistert Kinder mitmachen, wenn ihre Eltern ihnen beibringen, Pfeil und Bogen selber zu bauen.

Zehntens: Nutzen Sie den Fortschritt, schaffen Sie eine bessere Welt

Ich habe in meinem Haus eine Heizungsanlage, die ich digital steuern kann. Sie ist viel effizienter als ich und schaltet Heizungen aus, wenn ich das Haus verlasse. In meinem Auto gibt es einen Eco-Modus, der auf Kosten von ein bisschen Leistung weniger Benzin verbraucht.

Ich habe Menschen nie verstanden, die solche Vorzüge der Technik nicht nutzen. Mit dem Klimawandel stehen wir vor einer der größten Herausforderungen der Menschheit. Technologie könnte uns helfen, sie zu meistern.

Aber selbst wenn es den Klimawandel auf einmal nicht mehr geben würde: Was ist schlecht daran, weniger Energie zu verbrauchen, unabhängig von Öl, Gas und Kohle aus dem Ausland zu sein und uns von leisen Elektroautos durch die Straßen kutschieren zu lassen, die uns sicher ans Ziel bringen? Was ist schlecht an nachhaltigen Materialien, die nicht Tausende Jahre brauchen, um zu verrotten, und am Ende doch irgendwann in unserer Blutbahn enden, wie es Plastik tut?

Bisher konnte mir noch niemand diese Fragen beantworten. Für mich bedeutet das vor allem eines: Ich benutze weiter Technik, um mein Leben nachhaltiger und effizienter zu machen.

An die Firmen dieser Welt

Fast alles, was ich in diesem Buch fordere, können wir nicht allein schaffen. Wir sind auf die Unternehmen angewiesen, die Technologie entwickeln und bauen. Deswegen haben klügere Menschen als ich zum Beispiel das Center for Humane Technology gegründet mit dem Ziel, die schädlichen Einflüsse von Technologie auszumerzen.

Dafür haben sie Grundsätze formuliert, die Unternehmen bei zukünftigen Entwicklungen beachten sollten. Jeder der Grundsätze in der Technologiebranche, die uns dahin gebracht haben, wo wir heute stehen, sollte durch einen auf den Menschen ausgerichteten Fokus ersetzt werden. Anstatt die Schäden der Technologie mit der Behauptung abzutun, dass es immer Kosten und Nutzen gibt, sollten wir uns auf die Minimierung schädlicher Effekte konzentrieren. Anstatt den Nutzern zu geben, was sie wollen, müssen wir die menschlichen Schwächen und Anfälligkeiten respektieren, also zum Beispiel wie soziale Medien die Dopaminreaktion des Gehirns ausnutzen, um uns zum Bleiben zu bewegen. Anstatt die Personalisierung zu maximieren, um den Nutzern ein befriedigendes Erlebnis zu bieten und uns so in unseren eigenen kleinen Echokammern einzusperren, sollten die Unternehmen danach streben, Verständnis füreinander zu schaffen.

Dieses gemeinsame Verständnis kann dabei helfen, als Gesellschaft zusammenzuwachsen und die vielen Konflikte dieser Zeit zu mildern.

Zurück in eine strahlende Zukunft

Ich weiß, dass vieles, was ich in diesem Buch schreibe, nach einer illusorischen Zukunft klingt. Aber ich bleibe dabei: In zehn Jahren werden wir darüber lachen, was hier steht. Denn ob wir wollen oder nicht – die technologische Entwicklung wird weitergehen. Wir müssen uns nur entscheiden, sie mitzugestalten. Dafür müssen wir übrigens nicht alle ins Silicon Valley ziehen. Es reicht, wenn wir uns einfach nur überlegen, wer wir überhaupt sein wollen, wenn wir auf die Displays schauen, die uns umgeben. Ich für meinen Teil weiß das inzwischen sehr genau: nämlich die Stephanie, die ich bin, wenn ich aus der Haustür trete.

Ich weiß nicht, ob ich Ihnen helfen und Ihnen die Frustration über die verpassten Gelegenheiten der Vergangenheit nehmen konnte. Aber ich hoffe, ich konnte Sie ein wenig hoffnungsvoller machen, dass die Entwicklung noch nicht vorbei ist und wir noch Gelegenheit haben, ein bisschen Science-Fiction zu erleben.

DANKSAGUNG

Nun, liebe Leserin, lieber Leser, halten Sie dieses Buch in den Händen. Die letzten anderthalb Jahre Arbeit daran sind für mich wie im Flug vergangen. Für ein solches Buchprojekt ist es überaus hilfreich, wenn man ein großartiges Team um sich hat. Und diesem Team gilt es allen voran zu danken! Von ganzem Herzen danke ich den Menschen, die an mich geglaubt und mich dazu inspiriert haben, dieses Buch anzugehen.

Danke, lieber Dominik, für Deinen initialen Push und Deine Unterstützung!

Ohne Euch, liebe Bernadette, lieber Alexandros und vor allem lieber Tarek, wäre das alles überhaupt nicht möglich gewesen. Die Arbeit mit Euch ist wirklich eine Inspiration und wie immer habe ich auch hier eine Menge gelernt.

Dem gesamten Team vom Plassen Verlag danke ich ebenso von Herzen. Für die Chance, das Buch mit Ihnen zu veröffentlichen und dabei mit

Menschen zusammenarbeiten zu dürfen, die mit vollem Herzblut dabei sind. Auch wenn der Besuch bei Pino immer noch aussteht!

Unendlich dankbar bin ich für meine geliebte Familie, meine Freunde und auch die vielen unterschiedlichen Erfahrungen meines Lebens, gute wie schlechte, denn ohne sie wäre ich nicht der Mensch, der ich heute bin, und dieses Buch hätte niemals entstehen können.

Ihnen, liebe Leserin, lieber Leser, danke ich zu guter Letzt für die Zeit und die Aufmerksamkeit, die Sie diesem Buch und damit einem so ausgesprochen wichtigen Thema widmen. Der Wandel, den wir in diesem Land so dringend brauchen, wird nur dann entstehen, wenn wir alle dafür einstehen und uns einsetzen. Bitte werden auch Sie Teil dieses Wandels!

QUELLENVERZEICHNIS

Kapitel 1:

BG3000: www.bg3000.de

KPMG Digitale Transformation: https://home.kpmg/de/de/home/themen/uebersicht/digitale-transformation.html

Deutschlandfunk-Feature Digitalisierung: https://www.deutschlandfunk.de/wenn-digitalisierung-verzweifeln-laesst-100.html

Gutachten zu Forschung, Innovation und technologischer Leistungsfähigkeit Deutschlands der Expertenkommission Forschung und Innovation: https://www.e-fi.de/publikationen/gutachten

Kapitel 2:

ARD/ZDF-Onlinestudie: https://www.ard-zdf-onlinestudie.de/ardzdf-onlinestudie/infografik/

Bitkom-Studie Handynutzung: https://www.bitkom-research.de/de/pressemitteilung/mit-10-jahren-haben-die-meisten-kinder-ein-eigenes-smartphone

Schau-hin-Handyregeln: https://www.schau-hin.info/tipps-regeln/goldene-regeln-fuer-kinder-von-7-10-smartphone-tablet

Kapitel 3:

Clicksafe-Video „Wo ist Klaus?": https://www.klicksafe.de/materialien/wo-ist-klaus

Cyberlife III: Spannungsfeld zwischen Faszination und Gefahr: https://www.tk.de/resource/blob/2095298/e576a0e34a8731c50c60d9edbb661ca7/2020-studie-cybermobbing-data.pdf

Vorstellung der Zahlen kindlicher Gewaltopfer – Auswertung der Polizeilichen Kriminalstatistik (PKS): https://www.bka.de/DE/Presse/Listenseite_Pressemitteilungen/2021/Presse2021/210526_pmkindgewaltopfer.html

SPIEGEL-Geschichte: „Nur der Junge wurde nie befragt": https://www.spiegel.de/panorama/justiz/missbrauchsfall-in-muenster-wie-jugendaemter-und-gerichte-versagtena-00000000-0002-0001-0000-000171527049

Kapitel 4:

Deutsches Schulbarometer: https://deutsches-schulportal.de/unterricht/umfrage-deutsches-schulbarometer/

Unter Druck – Die Situation von Eltern und ihren schulpflichtigen Kindern während der Schulschließungen, Studie der Vodafone-Stiftung: https://www.vodafone-stiftung.de/wp-content/uploads/2020/04/Vodafone-Stiftung-Deutschland_Studie_Unter_Druck.pdf

Lehramtsstudierende fit machen für die digitale Schule: https://hochschulforumdigitalisierung.de/de/blog/lehramtsstudierende-fit-machen-fuer-die-digitale-schule

Umfrage der katholischen Elternschaft zu „Lernen zu Hause in der Coronakrise": https://www.katholische-elternschaft.de/aktuelles/aktuelles/detailseite/umfrage-corona

Monitor Digitale Bildung der Bertelsmann-Stiftung: https://www.bertelsmann-stiftung.de/de/publikationen/publikation/did/monitor-digitale-bildung-9/

EU Education and Training Monitor 2020: https://op.europa.eu/webpub/eac/education-and-training-monitor-2020/countries/germany.html

Minecraft in der Schule: Wenn die Lehrer Bauklötze staunen: https://www.spiegel.de/familie/minecraft-in-der-schule-wenn-die-lehrer-baukloetze-staunen

Kapitel 5:

How to be safe online, from a young person: https://www.youtube.com/watch?v=hV1sigh6WKA

Connected and concerned: Variation in parents' online safety concerns: https://onlinelibrary.wiley.com/doi/full/10.1002/1944-2866.POI332

To send or not to send nudes: https://www.sciencedirect.com/science/article/abs/pii/S0277539521000121

The Truth About Teenagers, The Internet, And Privacy: https://www.fastcompany.com/3037962/the-truth-about-teenagers-the-internet-and-privacy

The German YouTuber Emerging as a Voice of a Generation: https://www.nytimes.com/2019/10/18/world/europe/germany-rezo-youtube.html

TikTok isn't silly. It's serious: https://www.economist.com/business/2022/01/15/tiktok-isnt-silly-its-serious

Kapitel 6:

Europeans' attitudes towards cyber security: https://op.europa.eu/en/publication-detail/-/publication/468848fa-49bb-11ea-8aa5-01aa75ed71a1

Vorsicht Fake Shops – Augen auf beim Onlinekauf! – Landeskriminalamt Niedersachsen: https://www.lka.polizei-nds.de/a/presse/

pressemeldungen/vorsicht-fakeshops---augen-auf-beim-online-kauf-115175.html

Q VADIS – Zur Verbreitung von QAnon im deutschsprachigen Raum: https://cemas.io/publikationen/q-vadis-zur-verbreitung-von-qanon-im-deutschsprachigen-raum/

Desinformation im Krieg – „Lehrkräfte brauchen eine TikTok Literacy": https://deutsches-schulportal.de/schule-im-umfeld/tiktok-forscher-marcus-boesch-lehrkraefte-brauchen-eine-tiktok-literacy/

Merkmale einer Phishingmail: https://www.verbraucherzentrale.de/wissen/digitale-welt/phishingradar/merkmale-einer-phishing-mail-6073

„Fake Facts – Wie Verschwörungstheorien unser Denken bestimmen", von Katharina Nocun und Pia Lamberty, Bastei Lübbe, 2020

Kapitel 7:

Studie zu digitalem Arbeiten von Kantar: https://www.kantar.com/de/inspiration/d21/d21-digital-index-2020-2021-deutlicher-corona-effekt-beim-digitalen-arbeiten

Robots threaten jobs less than fearmongers claim: https://www.economist.com/special-report/2021/04/08/robots-threaten-jobs-less-than-fearmongers-claim

2050: The Future of Work: https://www.bertelsmann-stiftung.de/fileadmin/files/BSt/Publikationen/GrauePublikationen/BST_Delphi_E_03lay.pdf

The Future of Work after Covid-19: https://www.mckinsey.com/featured-insights/future-of-work/the-future-of-work-after-covid-19

Roland Berger – 12 Thesen zu den Auswirkungen der Digitalisierung auf die Arbeitswelt der Zukunft: https://www.rolandberger.com/de/Insights/Publications/Die-Zukunft-der-Arbeit.html

Kapitel 8:

Center for Humane Technology: https://www.humanetech.com/families-educators

Die acht Schritte zur Digitalisierung: https://www.industry-of-things.de/die-acht-schritte-zur-digitalisierung-a-850376/

MUSTER EINES MEDIENNUTZUNGSVERTRAGS

München, den 01.06.2022

Vertrag zwischen Paul und seinen Eltern

Um unseren Computer und andere technische Geräte richtig zu benutzen, schließen Paul und seine Eltern hiermit einen Vertrag ab. Dadurch wissen alle Beteiligten über die Regeln und Verpflichtungen, aber auch die Möglichkeiten Bescheid.

Wir Eltern sagen:

- Unsere technischen Geräte sind soweit möglich auf einem angemessenen Stand und die Sicherheits-Updates werden regelmäßig installiert.
- Wir helfen Paul beim Einrichten einer eigenen E-Mail-Adresse.
- Wir wollen unser Wissen über das Internet stetig aktuell halten und mit Pauls Erfahrungen versuchen Schritt zu halten.

- Wir bestrafen oder machen Paul nicht verantwortlich dafür, wenn er im Internet über Seiten stolpert, die eigentlich nicht für ihn geeignet sind.
- Wir verstehen, dass heutzutage auch online Bekanntschaften geschlossen werden. Wenn Paul jemanden online kennenlernt, äußern wir unsere Ängste und Bedenken. Außerdem helfen wir ihm beim Überprüfen und Online-Kennenlernen der Person, bevor ein direktes Treffen erfolgt.
- Wir verbieten das Internet nur, falls Verabredungen nicht eingehalten oder Regeln gebrochen wurden bzw. wenn das familiäre oder schulische Leben von Paul darunter leidet.
- Wir achten generell beim Medienkonsum von Paul darauf, dass Altersangaben (z. B. FSK) eingehalten werden.
- Wir vertrauen Paul und lassen ihm genügend Spielraum, das Internet alleine zu erkunden, nachdem zuvor alle grundlegenden Bedingungen geklärt sind.

Paul sagt:
- Ich bin tagsüber nur innerhalb der Zeit von … Uhr bis … Uhr online und insgesamt höchstens … Stunden am Tag (/in der Woche).
- Passwörter (von E-Mail-Accounts, Communities etc.) behalte ich für mich und niemand anders hat darauf Zugriff.
- Ich gebe keine persönlichen Informationen (Name, Fotos, Adressen, Telefonnummern, E-Mail-Adressen, Schule et cetera) an jemanden im Netz weiter, ohne zuvor mit meinen Eltern darüber gesprochen und sie nach ihrer Meinung gefragt zu haben.
- Bevor ich online etwas herunterlade, kaufe, an Gewinnspielen teilnehme, mich irgendwo registriere oder gratis etwas anfordere, spreche ich ebenfalls mit meinen Eltern darüber.
- In Online-Chats benutze ich ausschließlich Namen, die keine Rückschlüsse auf mein Geschlecht und Alter zulassen.

MUSTER EINES MEDIENNUTZUNGSVERTRAGS

- Ich antworte online niemandem, der mir ein komisches Gefühl vermittelt, mir Angst macht, mich sexuell oder anderweitig belästigt oder zu einem Treffen drängt. Stattdessen zeige ich dieses Gespräch meinen Eltern oder anderen erwachsenen Vertrauenspersonen und frage sie nach ihrem Rat.
- Ich werde mich niemals mit jemandem treffen, den ich online kennengelernt habe, ohne meine Eltern darüber informiert zu haben.
- Mir ist bewusst, dass das Internet nur eine virtuelle Welt ist. Dennoch verhalte ich mich auch hier so, wie ich mich in der realen Welt benehmen würde, und bin online zu anderen Menschen immer freundlich und fair.
- Diese Vereinbarung halte ich ein, egal ob ich zu Hause, in der Schule, bei Freunden, im Internetcafé oder in einer anderen Örtlichkeit online gehe.

_____

Datum

_____   _____

Unterschrift Erwachsener   Unterschrift Kind/Jugendlicher

Quelle: https://www.uni-ulm.de/fileadmin/website_uni_ulm/iui.gesfuermit/Internet-Vertrag.pdf

Wenn Sie Ihren eigenen Mediennutzungsvertrag erstellen wollen, empfehle ich Ihnen, sich mit Ihrem Kind auf der Seite https://www.mediennutzungsvertrag.de einen auf Ihre Bedürfnisse abgestimmten Vertrag zu erstellen.

208 Seiten
broschiert
19,90 [D] / 20,50 [A]
ISBN: 978-3-86470-811-4

Gunda Frey:
Das verstaatlichte Kind

Kinder werden heute von Geburt bis Schulabschluss rücksichtslos den Zwängen eines auf „Funktionieren" optimierten Systems ausgesetzt. Eltern, Erzieher und Lehrer ermöglichen ihnen fatalerweise oft nicht das, was gut, gesund und nötig wäre. Anhand von zahlreichen Beispielen aus der Praxis zeigt Autorin und Psychotherapeutin Gunda Frey, was im herrschenden System im Argen liegt, und liefert Ideen, wie man mit der richtigen Haltung und den richtigen Werten das Schlimmste vielleicht noch verhindern kann. Dieses Buch ist ein Weckruf für alle, denen die Zukunft unserer Kinder am Herzen liegt.

BOOKS 4 SUCCESS

256 Seiten
broschiert
19,99 € (D) / 20,60 € (A)
ISBN: 978-3-86470-626-4

Doris Unzeitig:
Eine Lehrerin sieht Rot

Von der Lehrerin, die die Schulmisere in Berlin öffentlich machte. Ein schonungsloser Blick in einen Schulalltag, in dem Polizeieinsätze, blutüberströmte Kinder und verängstigte Lehrkräfte normal sind, in dem Gewalt unter Schülern und aggressive Eltern den Lehrern ebenso zusetzen wie tatenlose Politiker und schweigende Vorgesetzte. Ihr Engagement und ihr Mut brachten Doris Unzeitig sogar eine Einladung zu „Stern TV" ein, wo sie schlagartig bundesweite Berühmtheit erlangte. Doris Unzeitig erinnert daran, dass es um unsere Kinder und deren Zukunft geht – deshalb hat sie dieses Buch geschrieben.

352 Seiten
broschiert
19,90 € (D) / 20,50 € (A)
ISBN: 978-3-86470-815-2

Dr. Mario Herger:
Cyberf*cked

Auf Facebook, Twitter und Co gilt das Primat der eigenen Meinung. Menschen mit anderen Ansichten sind wahlweise dumm, uninformiert oder gleich schlecht und verdorben. Diskurs ist mit solchen Kreaturen nicht erforderlich, somit wird blockiert, gepöbelt und bedroht. Besonders betroffen: Frauen – hier bekommt der Hass im Netz schnell und oft auch eine sexuelle Komponente. Ein Buch über den Verfall der Sitten im Web 2.0, über Frauen, die sich völlig ungeahnten Anfeindungen und Bedrohungen ausgesetzt sehen, und mit zukunftsweisenden Ideen, wie wir alle dafür sorgen können, dass sich die Lage wieder bessert.

272 Seiten
broschiert
19,90 € (D) / 20,50 € (A)
ISBN: 978-3-86470-796-4

Martin Lindstrom:
Plädoyer für den gesunden Menschenverstand

Immer mehr Unternehmen verstricken sich so sehr in ihre internen Probleme und Bürokratie, dass sie dabei ihre Aufgaben und den Common Sense aus den Augen verlieren. Und wer zahlt den Preis dafür? Wir alle! Humorvoll und praxisorientiert kombiniert *New York Times*-Bestsellerautor Martin Lindstrom Beispiele, in denen der gesunde Menschenverstand in Unternehmen auf Abwege geraten ist, mit dem von ihm entworfenen 5-Schritte-Plan. Sein Ziel: die Wiederherstellung der Logik und der Vernunft – in den Unternehmen und bei den Menschen, die sie am dringendsten brauchen.

400 Seiten
gebunden mit SU
22,99 € (D) / 23,70 € (A)
ISBN: 978-3-86470-662-2

Roger McNamee:
Die Facebook-Gefahr

Facebook ist in die Kritik geraten. Bots, Trolle und Fake News sind Synonyme für die Probleme des Konzerns. Roger McNamee, Kapitalgeber, Tech-Experte und einst stolz darauf, zu den ersten Facebook-Investoren zu gehören, rechnet in seinem Buch mit Mark Zuckerberg und Sheryl Sandberg ab. Ihre Reaktion auf den Missbrauch des sozialen Netzwerks ist seiner Ansicht nach völlig unzureichend und geht am Kern des Problems vorbei: der Bedrohung unserer demokratischen Grundordnung. „Die Facebook-Gefahr" ist ein nicht zu überhörender Weckruf – für das Silicon Valley, für die Politik, für uns alle.

368 Seiten
broschiert
24,90 € (D) / 25,60 € (A)
ISBN: 978-3-86470-696-7

Sarah Frier:
No Filter

Die preisgekrönte Reporterin Sarah Frier enthüllt in ihrem Blick hinter die Kulissen, wie Instagram zu einer der kulturell prägendsten Apps des Jahrzehnts wurde und eine neue Milliardenbranche schuf: die Influencer. Frier erzählt die fesselnde Geschichte, wie Instagram sich erfolgreich im Facebook-Universum behauptet und sich seine Prinzipien bewahrt hat – und eröffnet einen so noch nie gewährten Zugang zu den wichtigsten Protagonisten und Interviewpartnern aus den Bereichen Film, Musik und Mode. Eine kritische und umfassende Sicht auf das aus unserem Leben nicht mehr wegzudenkende Phänomen Instagram.